Gartenteich
anlegen und bepflanzen

D1925726

Teil 1
Planen und anlegen

Einiges muß vor dem ersten Spatenstich gut geplant sein, zum Beispiel der richtige Standort oder die Teichgröße. Worauf es dabei und dann später beim Teichanlegen ankommt, erfahren Sie im ersten Teil des Buches. Viele anschauliche Zeichnungen und präzise Anleitungen sorgen dafür, daß die ersten Schritte zum Traumteich gelingen.

Nur ein richtig angelegter Teich macht Freude.

Teil 2
Gestaltungs-Ideen

Für die Gestaltung des Teichrandes gibt es ebenso viele schöne Möglichkeiten wie für zusätzliche »Dekorationen« wie Stege, Brükken, Wasserspiele, Pflanzeninseln, Moorbeete oder so nützliche Anlagen wie Sickergrube oder Wasserkläranlage. Gestaltungs-Ideen und dazu die genauen Anleitungen finden Sie im zweiten Teil des Buches.

Teich-Ideen mit Pfiff machen Ihren Garten noch schöner.

Teil 3
Richtig bepflanzen

Was wäre ein Gartenteich ohne Pflanzen? Sie sind nicht nur schön, sondern auch lebenswichtig für einen Gartenteich. Und damit die Pflanzen gut gedeihen, erfahren Sie im dritten Teil des Buches alles Wichtige über Teichpflanzen, ihre Ansprüche an Standort, Licht, Boden oder Wassertiefe und übers Einpflanzen und Pflegen.

Pflanzen bringen Nutzen und Schönheit für den Teich.

Teil 4
Pflegen und überwintern

Das Schöne an einem Gartenteich ist, daß er übers Jahr gesehen wenig Arbeit macht. Über Pflegemaßnahmen, die für eine gute Wasserqualität wichtig sind, und was man tun muß, damit Fische sich im Teich wohl fühlen, informiert Sie der vierte Teil des Buches. Dazu gibt es Anleitungen und Tips, wie Sie Ihren Teich gut über den Winter bringen.

Die richtige Pflege hält den Teich in Schuß.

Inhaltsübersicht

Lebenselement Wasser Ein Wort zuvor

Am Wasser sitzen, die Schönheit einer Seerose betrachten, den Libellen bei ihrem Flug zusehen - dies sind für viele von uns Naturerlebnisse besonderer Art. Weshalb sollten nicht auch Sie sich eine solche Oase der Entspannung schaffen? Der erfahrene Teich-Experte Peter Stadelmann zeigt: Teich-Anlegen ist gar nicht so schwierig, wie Sie vielleicht glauben.
Dieser Teich-Ratgeber macht es Ihnen einfach wie noch nie – auch wenn Sie sich zum ersten Mal dran wagen. Zunächst gibt er Ihnen Tips für die Planung, dann wird das Anlegen leicht verständlich beschrieben. Zeichnungen verdeutlichen Schritt für Schritt die Arbeiten. Übersichtliche Tabellen sagen Ihnen, welche Pflanzen an welcher Stelle des Teichs richtige Bedingungen finden. Was wäre ein Teich ohne Fische? Auch hier erhalten Sie wertvolle Tips für Auswahl und Pflege. Und damit Ihr Gartenteich gut über die kalte Jahreszeit kommt, erfahren Sie, was für die Überwinterung nötig ist. Stimmungsvolle Farbfotos zeigen prachtvoll bepflanzte Gartenteiche, muntere Bachläufe mit Wasserfall, Quellsteine und Wasserspeier.

Die vier Lebensbereiche des Teichs.

Steinplatten am Ufer.

Steilufer mit Böschungsmatte.

Der Autor

Peter Stadelmann, der bewährte Teich-Experte von GU steht für Kompetenz und Zuverlässigkeit, wenn es um den Gartenteich geht. Sein Spezialgebiet ist seit vielen Jahren die Planung, Anlage und Bepflanzung von Gartenteichen und Bächen im Garten. Er ist Autor mehrerer Gartenteichbücher, Zoofachhändler sowie Ausbilder und Prüfer für Einzelhandels-Kaufleute im Zoofachhandel bei der Industrie- und Handelskammer in Nürnberg.

Die Fotografen

Jürgen Becker, Friedrich Strauß und andere bekannte Naturfotografen.

Die Zeichnerin

Renate Holzner lebt und arbeitet als freie Illustratorin und Grafikerin in Regensburg. Ihr breites Repertoire reicht von Strichzeichnungen über fotorealistische Illustrationen bis hin zur Computergrafik. Zu ihren Auftraggebern zählen renommierte Verlage und Agenturen.

Wichtiger Hinweis

Damit Ihre Freude am Gartenteich nicht getrübt wird, beachten Sie bitte »Hinweis und Warnung« auf Seite 63.

Gute Planung – halbe Arbeit

Planen und anlegen

Gute Planung ist der beste Weg zum Erfolg. Einiges muß vor dem ersten Spatenstich bedacht sein, zum Beispiel der richtige Standort oder die Teichgröße. Für die Planung wie fürs Teichanlegen sollte man sich ausreichend Zeit nehmen. Wie Sie am besten zu einem gut funktionierenden Teich kommen, erfahren Sie auf den folgenden Seiten.

Kleines Foto: Iris kaempferi 'Embosed'.
Großes Foto: Richtig angelegt wird der Teich bald zur zauberhaften Oase der Ruhe und Entspannung.

Wer hebt die Teichgrube aus?

Diese Frage gleich zu Anfang zu klären ist mindestens genauso wichtig wie die Überlegungen, wo im Garten der beste Platz für den Gartenteich ist (→ Checkliste für den Standort, rechts).
Mit Spaten und Schaufel einen Gartenteich auszuheben ist ein nicht zu unterschätzender Kraftakt, wenn man harte körperliche Arbeit nicht gewohnt ist. Blasen an den Händen, Muskelkater oder gar gesundheitsgefährdende Rückenschmerzen können Sie nur vermeiden, wenn Sie die Erdarbeiten so einteilen, daß die jeweiligen Arbeitsschritte Ihre Kräfte wirklich nie überschreiten! Das gilt übrigens auch für hilfsbereite Freunde oder Bekannte.
Mit einem kleinen Bagger sind die groben Erdarbeiten schnell getan, und Sie können Ihre Kraft auf das sorgfältige Modellieren der verschiedenen Lebensbereiche des Teichs konzentrieren (→ Zeichnung rechts).
Möglich ist der Baggereinsatz allerdings nur, wenn ein geeigneter Zufahrtsweg vorhanden ist. Und weil die ganze Aktion nicht gerade billig ist, sollten Sie sich bei verschiedenen Bauunternehmen über den geeigneten Bagger, Preise und Termine informieren.

Was geschieht mit dem Teichaushub?

Daran sollten Sie nicht erst denken, wenn er Ihnen im Garten im Weg liegt. Planen Sie schon vor dem ersten Spatenstich, was mit dem Teichaushub geschehen soll.
Im Garten verwenden läßt sich der Aushub gut zum Beispiel für die Anlage eines Witterungsschutzwalles (→ Standort, rechts) oder Wasserfalls (→ Bauanleitung, Seite 31).
Der Abtransport des Aushubs kann mitunter recht aufwendig werden, weil Sie ihn heute nicht mehr zur nächstbesten Mülldeponie bringen dürfen. Man muß vielmehr die Erde zu einer speziellen Sammel- oder Wiederverwertungsstelle bringen. Ort und Öffnungszeiten solcher Stellen erfahren Sie über die Gemeinde- bzw. Stadtverwaltung oder über das vielerorts eingerichtetete »Abfall- oder Umwelt-Telefon«; die Nummer steht im Telefonbuch.
Mein Tip: Auch wenn der Teichaushub nur vorübergehend auf dem Rasen gelagert wird, sollten Sie vor Beginn der Erdarbeiten die Lagerstelle mit einer Plastikplane abdecken, um Schäden am Rasen zu vermeiden. Verwenden Sie den Aushub im Garten, dann lagern Sie abgestochene Rasensoden, Mutterboden und Unterboden jeweils getrennt voneinander auf einer eigenen Plane.

Standort-Checkliste

Betrachten Sie den gewünschten Standort für den Teich unter folgenden Gesichtspunkten:
Sonneneinstrahlung: Ideal sind 6 bis 8 Stunden am Tag. Bei ganztägig praller Sonne: Platz für Schattenspender (Hecken, hohe Randbepflanzung) einplanen.
Witterungsschutz: Ist nötig an den Wetterseiten (Norden, Nordwesten). Schutz bieten das Haus, hohe Bepflanzungen, ein Erdwall (Teichaushub).
Bäume: Den Teich möglichst nicht unter Bäumen anlegen; das im Herbst herabfallende Laub kann die Wasserqualität sehr verschlechtern.
Bodenbeschaffenheit: Darüber gibt ein Probegraben Auskunft. Bei extrem felsigem Untergrund ist ein »hochgelegter« Teich zu empfehlen (→ Seite 27).

Beim Standort-Check die Teichform markieren.

Entscheidung über die Teichgröße

Oft werde ich nach der Mindestgröße für einen Gartenteich gefragt. Darauf kann ich nie mit einer Quadratmeterzahl antworten. Ein kleiner Teich kann nämlich ebenso gut funktionieren wie ein Riesenteich. Es kommt immer darauf an, wie man ihn anlegt, bepflanzt und später pflegt. Und dabei spielen viel mehr Faktoren eine Rolle als nur die Quadratmeter. Einerseits haben Sie ja konkrete Wünsche, andererseits muß man an das Wohlbefinden der späteren Teichbewohner, der Pflanzen und Tiere, denken. Je besser Sie also im Vorfeld Wunsch und Wirklichkeit in Einklang bringen, um so mehr Freude werden Sie später an Ihrem Teich haben. Zu einer guten Lösung kommen Sie sicher, wenn Sie folgende Faktoren in Ihre Überlegungen einbeziehen:

Gartengröße: Prüfen Sie, ob ein geeigneter Standort für den Teich vorhanden ist oder sich schaffen läßt (→ Standort-Checkliste, Seite 6).

- Messen Sie aus, wieviel Platz Sie maximal dem Teich geben möchten.
- Vor allem, wenn Sie eine Vielfalt an Pflanzen und Tieren, darunter auch Fische, in Ihrem Teich haben möchten, sollten die nachfolgenden Punkte mitentscheidend bei der Wahl der Teichgröße sein.

Die Lebensbereiche des Teichs

Ein Gartenteich sollte stufenförmig oder sanft abfallend wie ein Suppenteller (im Winkel von etwa 45 Grad) angelegt werden, so daß vier Lebensbereiche entstehen:

1. Sumpfzone: Uferbereich mit einer Tiefe von 0 bis 15 cm. Wenn die ausgewählten Pflanzen Staunässe vertragen, 10 cm hoch Bodengrund einfüllen, wenn nicht, vollständig auffüllen.
2. Flachwasserzone: Hat eine Wassertiefe von 15 bis 30 cm.
3. Seerosenzone: In diesem bis zu 60 cm tiefen Bereich gedeihen viele Seerosen gut.
4. Tiefwasserzone: Die Tiefe sollte mindestens 70 cm betragen, wenn Fische im Teich überwintern sollen.

Mein Tip: Fassen Sie bei all Ihren Überlegungen auch Alternativen zu einem »normalen« Gartenteich ins Auge, zum Beispiel zwei kleine Teiche, die Sie mit einem Bachlauf verbinden, ein Becken mit Quellstein oder Springbrunnen, ein Sumpf- oder Moorbeet. Viele solcher Möglichkeiten, die Sie solo oder auch in Verbindung mit einem Teich gestalten können, finden Sie in diesem Buch.

Lebensbereiche im Teich: Ein Teich ist nicht nur eine Grube mit senkrechten Wänden, sondern muß Bereiche mit unterschiedlichen Wassertiefen haben. Nur so entstehen die Lebensbereiche, die nötig sind, um die Standortansprüche der Teichpflanzen sowie die Lebensbedürfnisse der Teich-

tiere erfüllen zu können (→ Zeichnung und Beschreibung, Seite 7).
Je größer der Teich, um so ausgedehnter können Sie die einzelnen Lebensbereiche anlegen. Platz sparen kann man, wenn die Tiefwasserzone mit einem Steilufer endet. Doch dann Vorsicht, für kleine Kinder besteht hier erhöhte Unfallgefahr; für Tiere sind Ausstiegshilfen zu schaffen (→ Sicherheitsratschläge, Seite 11).
Hinweis: Zwischen Teichgröße und dem sogenannten biologischen Gleichgewicht im Teich gibt es einen Zusammenhang (→ unten).

Teichgröße und biologisches Gleichgewicht

Die Größe eines Teiches ist nicht nur eine Platzfrage, sondern es besteht auch ein Zusammenhang zwischen der Größe und den biologischen Lebensabläufen im Teich.
Biologisches Gleichgewicht: Ziel aller Bemühungen bei der Anlage, Bepflanzung und Pflege ist, dieses Gleichgewicht im Teich zu erreichen und zu erhalten. Das bedeutet: Im Teich muß ein ausgeglichenes Verhältnis herrschen zwischen Nährstofflieferanten (abgestorbene Pflanzen, tote Tiere) und Nährstoffverbrauchern (lebende Pflanzen, pflanzen- und fleischfressende Tiere). Fallen mehr Nährstoffe an, als verbraucht werden, verschlechtert sich die Wasserqualität. Im schlimmsten Fall kann es zum »Kippen« (Eutrophierung) des Teiches kommen.
Kleiner Teich (unter 6 m^2): In kleinen Wassermengen ist das biologische Gleichgewicht schwieriger zu halten als in größeren, weil eine Nährstoffüberfrachtung sehr viel schneller die Wasserqualität verschlechtern kann. Deshalb wird man in einem kleinen Teich, in dem eine Vielfalt an Pflanzen, Fischen und anderen Tieren lebt, ohne technische Hilfsmittel kaum auskommen. Auch sind häufige Kontrollen nötig, damit man rasch regulierend eingreifen kann, wenn zum Beispiel starker Laubfall oder ein ausgefallener Filter das biologische Gleichgewicht in Gefahr bringt.
Größere Teiche (über 6 m^2): Je größer der Teich, um so weniger Gedanken muß man sich um das biologische Gleichgewicht machen, vorausgesetzt, der Teich ist richtig angelegt und bepflanzt.

Wassertiefe

Damit ein Teich wirklich zum Lebensraum für Tiere und Pflanzen werden kann, sind unterschiedliche Wassertiefen nötig.
Richtwerte zeigt die Zeichnung »Lebensbereiche« (→ Seite 7). Dabei kommt es nicht auf den Zentimeter an. Wenn Fische jedoch im Teich überwintern sollen, ist es unerläßlich, daß Sie einen gut 1 m^2 großen Tiefwasserbereich anlegen, der mindestens 70 cm tief ist.
Berechnung der Wassertiefe: Als Wassertiefe bezeichnet man den Abstand zwischen Wasserspiegel und Folie oder Oberkante Bodengrund oder Substrat im Pflanzkorb. Das bedeutet, wenn ein Teichbereich 70 cm tief sein soll, Sie aber 10 cm hoch Bodengrund einfüllen, ist dieser Bereich nur 60 cm tief. Man muß also die Grube 10 cm tiefer ausheben.

Natur- oder Zierteich?

Sollen sich in Ihrem Teich Frösche, Molche und andere Amphibien tummeln? Sollen dazwischen Goldfische und Kois in allen Farben in der Sonne glitzern, Seerosen ihre Blütenpracht entfalten und ein Springbrunnen munter plätschern? Alles können Sie haben, aber nicht alles in einem einzigen Teich. Denn nur wenn Sie die unterschiedlichen Lebensbedürfnisse der Tiere und Pflanzen als Grundlage für die Gestaltung Ihres Teichs nehmen, entwickelt sich eine harmonierende Lebensgemeinschaft.
Zierteich: Da hier meist Fische und dekorative Bepflanzung im

Teichgröße und biologisches Gleichgewicht

Teich mit Schutzgitter. Planen Sie genügend Platz für eine üppige Randbepflanzung ein.

Neu angelegter Fertigteich.

Vordergrund stehen, beachten Sie bitte folgendes:

- Zierfische brauchen klares, sauerstoffreiches Wasser. Meist ist ein Filter und zusätzliche Sauerstoffzufuhr (→ Seite 13) nötig. Die Tiere beanspruchen einen größeren Teichbereich.
- Für wildlebende Tiere, die sich von alleine ansiedeln sollen, muß man eigene Bereiche schaffen wie eine Sumpfzone und einen für die Fische nicht erreichbaren Flachwasserbereich.

Im Naturteich hat die Natur das Sagen. Große Naturteiche (15 m^2 und mehr) kann man sehr lange sich selbst überlassen. Bei kleinen Teichen aber sind ein paar Pflegemaßnahmen nötig (→ Seite 50), sonst kann es Probleme mit der Wasserqualität geben.

Wissenswertes zum Folienkauf

Auch wenn Sie beim Anlegen Ihres Teichs scharf kalkulieren müssen, sollten Sie an einem nicht sparen: an der Folie.
Qualität: Kaufen Sie nur die spezielle Gartenteichfolie, die von verschiedenen erfahrenen Folienherstellern angeboten wird. Diese Hersteller garantieren alle Eigenschaften, die eine gute, über viele Jahre haltbare Folie auszeichnen. Garantiert wird also zum Beispiel, daß die Folie UV-beständig ist, außerdem wurzelfest, reißfest, hitze- und frostbeständig und daß sie keine Substanzen enthält, die Tieren oder Pflanzen schaden können.
Folienstärke: Zu empfehlen ist eine Stärke von 0,8 bis 1,0 mm. Dünner als 0,6 mm sollte die Folie auf keinen Fall sein.
Folienfarbe: Handelsübliche Farben sind Schwarz, Anthrazit, Olivgrün und Erdbraun.
Folienbedarf: Den sollten Sie vor dem Kauf ausrechnen (→ Folienbedarf berechnen, rechts).
Mein Tip: Überlassen Sie das Zusammenkleben von Folienbahnen dem Hersteller oder Lieferanten. Der Umgang mit Folien-Klebemitteln erfordert Fachkenntnisse und ist für den Laien nicht ganz ungefährlich. Bei unsachgemäßer Verwendung können gesundheitliche Schäden auftreten.

Folienbedarf berechnen

1. Möglichkeit = Ausrechnen:
Schon bevor die Teichgrube ausgehoben ist, kann man den Bedarf ausrechnen. Sie müssen nur die Teichform markieren (→ Seite 10) und die größte Länge und Breite des Teichs ausmessen. Wie gerechnet wird, zeigt das folgende Rechenbeispiel für einen Teich mit einer Wasseroberfläche von 6 m^2 und einer Tiefwasserzone mit der Tiefe von 70 cm:

1. Rechenschritt

Größte Teichlänge	3,00 m
+ 2 x Wassertiefe (2 x 70 cm)	1,40 m
+ Randüberlappung für Folienbefestigung und Randgestaltung	1,00 m
ergibt die Länge der Folie:	5,40 m

2. Rechenschritt

Größte Teichbreite	2,00 m
+ 2 x Wassertiefe (2 x 70 cm)	1,40 m
+ Randüberlappung	1,00 m
ergibt die Breite der Folie:	4,40 m

Sie brauchen also eine Teichfolie in der Größe von 5,40 x 4,40 m.

2. Möglichkeit = Ausmessen:
Ist die Teichgrube bereits ausgehoben, können Sie den m^2-Bedarf so ermitteln: Gartenschlauch oder Schnur an der längsten Stelle in die Teichgrube legen, die Strecke an Schlauch oder Schnur abmessen, 1 m hinzurechnen, Zahl notieren und auf die gleiche Weise an der breitesten Teichstelle messen.

Kauftips für den Fertigteich

Es gibt zahllose Varianten von Fertigteichen, die alles bieten, was einen gut funktionierenden Gartenteich ausmacht. Dazu gehören auch die vier Lebensbereiche (→ Seite 7), die bereits stufenförmig vorgeformt sind.
Beckengrößen: Die größte Auswahl haben Sie bei Becken bis zu 8 m^2. Es gibt aber auch Versatzstücke, mit denen Sie große Teiche samt Bachlauf anlegen können.
Transport-Tip: Je nach Größe des geplanten Teiches ist der Fertigteich (und auch die Folie) ungemein schwer und sehr unhandlich. Wenn Sie nicht gerade starke Helfer zur Hand haben, lassen Sie sich Folie oder Becken besser ins Haus liefern.

Sicherheit für Kinder muß sein

»Am Teich darfst du nicht spielen« - mit solch einem Verbot können Sie die magische Anziehungskraft, die Wasser auf jedes Kind ausübt, nicht beeinflussen. Die ganz Kleinen verstehen das Verbot sowieso noch nicht, und selbst die Gehorsamsten unter den Größeren »vergessen« es einfach. Deshalb hilft bei kleinen Kindern nur eines: den Gartenteich von Anfang an kindersicher gestalten und trotzdem noch gut auf die Kinder aufpassen. Die Sicherungsmaßnahmen müssen so lange bleiben, bis sicher ist, daß der Teich keine Gefahr mehr für Ihre Kinder darstellt. Flach auslaufende Ufer reichen in der Regel nicht aus, denn ein Kleinkind kann auch in nur wenige Zentimeter tiefem Wasser ertrinken.

Schutzzäune

Mindestens 60 cm hoch sollte der Zaun sein und absolut standsicher. Ratsam ist es, ihn üppig zu begrünen, zum Beispiel mit Minze, Melisse, Wikken, Rosen, Wein oder Feuerbohnen. Die Pflanzen verschönern den Zaun und verhindern auch ganz gut, daß kletterfreudige Sprößlinge versuchen, den Zaun zu überwinden.
Holzzaun: Er muß senkrechte Latten haben, deren Oberkanten abgerundet sind.
Maschendrahtzaun: Sie benötigen dazu verzinkten, kunststoffbeschichteten Maschendraht. Praktisch fürs Befestigen sind Profilpfosten und Eisenclips.
Mein Tip: In einem guten Baumarkt bekommen Sie Materialien und Tips fürs Zaunbauen.

Schutzgitter

Ein waagerecht etwa 10 cm unter der Wasseroberfläche angebrachtes Gitter ist eine praktische, fast unsichtbare Schutzmaßnahme für kleinere Teiche - vorausgesetzt natürlich, das Gitter wird absolut tragfähig und kippsicher angebracht.
Sie benötigen geschweißtes, kunststoff-ummanteltes oder verzinktes Baustahlgitter (Maschenweite 6 bis 8 cm).
Das Gitter liegt im Teich auf kipp- und rutschsicher aufgeschichteten gebrannten Mauersteinen oder auf U-Steinen, bei denen man dann mit Gehwegplatten oder Mauersteinen die unterschiedlichen Wassertiefen ausgleicht.
Wichtig: Im Folienteich unter Steine jeglicher Art Folienreste legen, damit die Teichfolie nicht beschädigt wird.
Mein Tip: Bei kleinen Teichen mit einer Randbefestigung aus Rundhölzern können Sie ein kräftiges Netz spannen (→ Fotos Seite 9 und 13). Am Holz wird es an kräftigen, eingeschraubten Haken befestigt, im Erdreich mit langen Heringen, die man sonst beim Zeltaufschlagen verwendet.

Haftung bei Unfällen

Nicht nur die Sicherheit Ihrer eigenen Kinder müssen Sie im Auge behalten. In bestimmten Fällen sind auch Sicherungsmaßnahmen zum Schutz fremder Personen nötig.
Verkehrssicherungspflicht: Es besteht eine allgemeine Verkehrssicherungspflicht, besonders Kindern gegenüber. Das bedeutet: Jeder Grundstückseigentümer oder -mieter muß wirksame, auf Dauer angelegte Schutzmaßnahmen ergreifen, um Kinder vor den Folgen ihrer Unerfahrenheit und Unbesonnenheit zu schützen, wenn ihm bekannt ist, daß diese immer wieder sein Grundstück zum Spielen benutzen und ihnen hierdurch Schaden droht. Für den Gartenteichbesitzer heißt das: Liegt der Gartenteich in einem umzäunten Gartengelände, so darf er sich in der Regel darauf verlassen, daß Unbefugte nicht in sein Gelände eindringen werden. Im Falle eines Unfalls liegt dann kein Verschulden vor.
Liegt aber der Teich beispielsweise in einem nicht eingezäunten Vorgarten oder ist dem

Teichbesitzer bekannt, daß Kinder trotz Ermahnungen und Verboten immer wieder in seinen Garten eindringen, um am Teich zu spielen, so hat er die notwendigen – wirtschaftlich zumutbaren – Vorkehrungen gerade zum Schutz von Kindern zu treffen.
Versicherung: Der Abschluß einer Haftpflichtversicherung empfiehlt sich in jedem Fall. Lassen Sie sich von Ihrer Versicherungsgesellschaft schriftlich bestätigen, daß der Gartenteich in die Versicherung miteinbezogen ist.

Haftung bei Wasserschäden

Für Wasserschäden haftet grundsätzlich derjenige (Grundstücksbesitzer, aber auch Mieter), der den Gartenteich mit einer Wasserzuleitung oder -ableitung angelegt hat. Wird durch eine schadhafte Wasserleitung oder durch unsachgemäßes Ableiten des Teichwassers beispielsweise das Nachbargrundstück überschwemmt oder unterspült, so hat der Verantwortliche den Schaden zu ersetzen.

Verschiedene Pumpen-Modelle.

Der Topffilter kommt in den Teich.

Oxydator für die Sauerstoffzufuhr.

Sicherheitstips für den Gerätekauf

Unsachgemäßer Umgang mit Strom in Verbindung mit Wasser kann zu gefährlichen Unfällen führen. Beachten Sie deshalb unbedingt folgende Sicherheitsratschläge:

- Lassen Sie unbedingt alle elektrischen Installationsarbeiten von einem Fachmann ausführen.
- Kaufen Sie nur Geräte, die das VDE-Zeichen oder das gültige TÜV-Zeichen (GS-Zeichen = geprüfte Sicherheit) tragen.
- Verwenden Sie niemals Verlängerungskabel! Reicht das am Gerät vorhandene Kabel nicht aus, unbedingt vom Fachmann ein ausreichend langes Kabel montieren lassen.
- Ziehen Sie unbedingt den Netzstecker, bevor Sie ein elektrisches Gerät aus dem Wasser nehmen. Das Gerät keinesfalls am Kabel aus dem Wasser ziehen.
- Reparaturen nur vom Fachmann ausführen lassen.
- Falls nicht vorhanden, unbedingt einen FI-Schalter (Fehlerstrom-Schutzschalter) in den Sicherungskasten einbauen lassen. Wenn das nicht möglich ist, einen FI-Schalter (→ Foto Seite 13) zwischen Stromquelle und Gerät anbringen.

Wichtig: Achten Sie beim Kauf darauf, daß er für den Gebrauch im Freien zugelassen ist.
Haftung bei Stromunfällen: Im

Schadensfall haftet derjenige, der die elektrischen Installationen durchgeführt hat, oder derjenige, in dessen Obhut die Gefahrenquelle liegt. In jedem Fall ist es wichtig, daß Sie eine Haftpflichtversicherung haben, die den Teich (und wenn vorhanden, den Bach) mit einschließt.

Filter – hilfreich bei der Wasserklärung

Es gibt die unterschiedlichsten Filtersysteme, von denen einige im Teich, andere außerhalb des Teichs angebracht werden. Entweder sind Pumpe und Filter eine Einheit, oder der Filter wird mit einer separaten Pumpe betrieben.
Wichtig ist ein Filter in kleinen Teichen, und wenn Fische im Teich leben.
Mechanisch reinigen sie alle. Sie halten die groben Schmutzpartikel im Filtermaterial (zum Beispiel Granulat oder Schwämme) fest. Regelmäßiges Auswaschen des Filtermaterials im klaren Wasser sorgt für sauberes Teichwasser.
Biologische Reinigungswirkung haben all die Filtersysteme, in denen sich im Filtermaterial und/oder durch ihre spezielle Konstruktion Mikroorganismen ansiedeln können. Diese Organismen sind in der Lage, organische Stoffe (wie abgestorbene Pflanzenteile,

Fehlerstrom-Schutzschalter.

Sicherungsnetz.

Futterreste) in Stoffe umzuwandeln, die den Pflanzen wieder als Nährstoffe dienen.
Hinweis: Auf die Funktionsweise, Vor- und Nachteile der vielen Filter-Modelle kann in diesem Buch nicht eingegangen werden. Wenn Sie den Filter in einem guten Zoo- oder Gartenfachgeschäft kaufen, ist individuelle Beratung im Kaufpreis inbegriffen.

Wasserpumpen

Die richtige Pumpe für Ihren Teich finden Sie am leichtesten in einem Fachgeschäft (Zoo- oder Gartenfachhandel). Das Angebot an Wasserpumpen für die unterschiedlichen Zwecke, wie den Betrieb von Filter, Wasserspielen oder Bachlauf, ist nämlich so groß, daß man ohne gute Beratung nicht sehr weit kommt. Geben Sie deshalb beim Kauf die Teichgröße an und für welche Zwecke Sie die Pumpe einsetzen wollen.
Pumpenstativ: Läßt sich stufenlos bis zu einer Neigung von 35 Grad verstellen, so daß es auch auf unebenem oder abfallendem Teichboden sicher stehen kann.

Teichpflege-Utensilien

Ein Oxydator ist ein zuverlässiges Gerät für die zusätzliche Sauerstoffzufuhr. Kann das ganze Jahr über im Teich bleiben, ist besonders für die Überwinterung zu empfehlen (→ Seite 56).
Der Eisfreihalter, ein einfaches, preiswertes Gerät aus Styropor, ist eine ideale Überwinterungshilfe (→ Seite 56).
Teichschere und -zange mit einem 120 cm langen Stiel helfen bei der Pflanzenpflege.
Ein Laubkescher mit langem Stiel ist praktisch zum Abfischen von Blättern und Algen.

Praxis: Teich richtig anlegen

Folie zum Abdichten und der Fertigteich haben sich für den »Teichbau« bestens bewährt. Worauf es beim Anlegen eines Folien- oder Fertigteichs ankommt, erfahren Sie auf diesen Praxis-Seiten.

Folienteich anlegen

Markieren Sie zuerst die gewünschte Teichform mit dem Gartenschlauch (→ Zeichnung, Seite 6) oder kleinen Holzpflöcken.

1 Teichrand justieren: Wenn sich bei der Schlauchwaage der Wasserspiegel in beiden PVC-Röhrchen in gleicher Höhe befindet, liegt der Teichrand waagrecht.

Heben Sie die Grube aus und entfernen Sie aus der fertigen Grube alle scharfkantigen Gegenstände (Nägel, Steine, vergrabener Bauschutt).

Schutzschicht: Bei sehr grobem Untergrund lohnt es sich, die Teichgrube mit einem Schutzvlies (im Fachhandel erhältlich) auszukleiden. Es schützt die Folie gut vor Beschädigungen von unten.

Teichrand justieren
Zeichnung 1
Liegt der Teichrand nicht in der Waage, kann das Teichwasser wie aus einem schräg gehaltenen Suppenteller auslaufen. Prüfen Sie deshalb, ob die Teichränder waagerecht liegen.
Mit einem zur Schlauchwaage umfunktionierten Gartenschlauch geht das ganz einfach:
An jedes Ende des Schlauchs ein durchsichtiges PVC-Röhrchen stecken (Zoofachhandel). Den Schlauch mit Wasser füllen. In der Teichgrube das eine Schlauchende an einen Pfosten binden, das andere in die Hand nehmen und den Teichrand abschreiten. Mit Holzpflöcken den korrekten Rand markieren. Dann durch Aufschütten oder Abgraben korrigieren.

2 Folie einlegen, langsam Wasser einlaufen lassen und erst dann die Folie am Rand befestigen.

Folie einlegen
Zeichnung 2
Sind die Teichränder waagerecht und alle Lebensbereiche »modelliert«, wird die Folie eingelegt. Dann sofort langsam Wasser einlaufen lassen, bis der Teich zu drei Viertel voll ist. Während das Wasser einläuft, kann man Falten glätten oder so legen, daß sie optisch nicht stören (Falten schaden nicht).

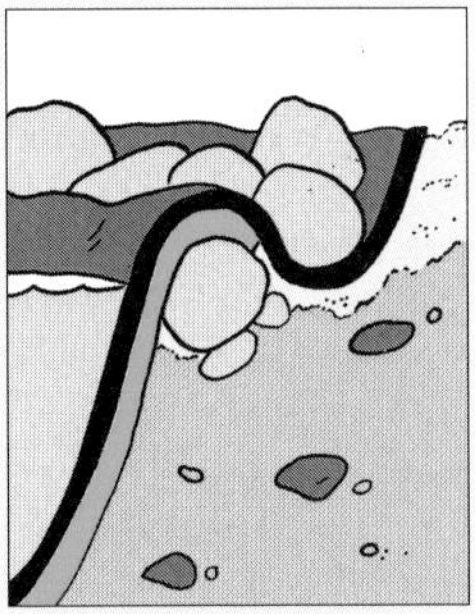

3 Folie befestigen: Das Folienende muß nach oben zeigen.

Folie befestigen
Zeichnung 3
Gleichgültig, wie Sie den Teichrand gestalten, wichtig ist, daß die Folie am Rand so verlegt ist, daß das Folienende nach oben zeigt. Nur so wird verhindert, daß der angrenzende Gartenboden dem Teich Wasser entzieht (→ Seite 18).

Fertigteich anlegen

Sie benötigen fürs Einsetzen eines Fertigteichs: Spaten, Schaufel, Maurerkelle, Wasserwaage, ein langes, stabiles Brett, Senkblei, Gartenschlauch). Materialien: Rieselfähiger Sand zum Einschlämmen (Baustoffhandel). Die Menge richtet sich nach der Größe des Teichs.

Teichgrube markieren
Zeichnung 4
Wenn keine Teichform-Schablone vorhanden ist, stellen Sie das Becken mit der Öffnung nach oben an den vorgesehenen Platz. Bocken Sie es so auf, daß die Beckenränder waagerecht liegen. Mit Hilfe des Senkbleis die Teichform mit Steinen oder Schnur markieren. Ringsherum 30 cm dazugeben, damit Sie Platz haben zum »Einschlämmen«.

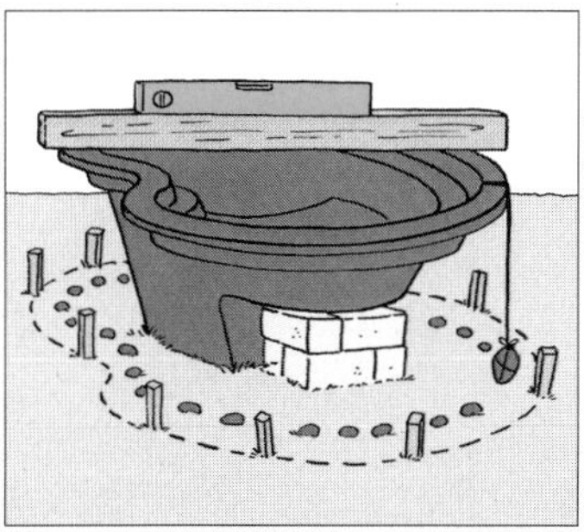

4 Beckenform markieren: Becken aufbocken und mit einem Senkblei und Steinen die Form markieren. Ringsherum 30 cm dazugeben.

Becken einsetzen
Zeichnung 5
Dabei gehen Sie so vor:

- Zuerst die Mulde für die tiefste Beckenausbuchtung ausheben, dann die übrige markierte Teichgrube.

Wichtig: Die Teichgrube muß 15 cm breiter und 5 bis 10 cm tiefer sein als die jeweiligen Beckenausbuchtungen.

- Den Boden der tiefsten Mulde mit einer 5 bis 10 cm hohen Sandschicht bedecken. Die Schicht mit der Maurerkelle oder einem Brett so festklopfen, daß sie eine waagerechte Ebene bildet.
- Mit den horizontalen Flächen der übrigen Teichgrube genauso verfahren.
- Das Becken in die Grube heben, Oberkante waagerecht ausrichten. Ein hochkant gelegtes Brett und Wasserwaage helfen dabei.

5 Becken einsetzen, waagerecht ausrichten und mit Sand und Wasser einschlämmen.

Einschlämmen: Alle Hohlräume unter und rund ums Becken müssen mit Sand gefüllt werden, damit das Becken später nicht absinkt oder sich neigt.

- Zuerst Zwischenräume rund um die tiefste Ausbuchtung mit Sand füllen. Den Sand fest andrücken.
- Dann das Becken mit Wasser füllen!
- Um die eingebrachte Sandschicht zu verdichten, nun langsam Wasser darauf laufen und einsickern lassen.
- Zum Schluß in die übrigen Zwischenräume abwechselnd Zug um Zug langsam Wasser und Sand schütten.

6 Begehbarer Teichrand: Wird mit aufgeschichteten Steinen unterfüttert.

Begehbarer Teichrand

Zeichnung 6

Ein begehbarer Teichrand muß mit Steinen unterfüttert werden. Dazu zuerst die tiefe Zone einschlämmen, die Steine anbringen (wenn nötig, Grube etwas erweitern) und weiter einschlämmen.

Gestaltungs-Ideen

Ist die Teichgrube fertig ausgehoben und abgedichtet, geht es an den gestalterischen Teil des Teichanlegens. Für die Gestaltung des Teichrandes gibt es ebenso viele schöne Möglichkeiten wie für zusätzliche »Dekorationen«, zum Beispiel Stege, Brücken, Pflanzeninseln, Moorbeete oder so nützliche Anlagen wie Sickergrube oder Wasserkläranlage.

Kleines Foto: Sonnentau – eine dekorative Pflanze für das Moorbeet (→ Seite 26/27).
Großes Foto: Beispielhafter Gartenteich mit Holzsteg am Ufer.

Praxis: Teichrandgestaltung

Mit Holz oder Steinen haben Sie viele Möglichkeiten, den Teichrand zu gestalten. Praktisch ist es, wenn Sie einen Teil des Ufers begehbar anlegen. Der andere, nicht begehbare Teil bleibt dann ungestörter Lebensraum für Pflanzen und Tiere.

Gehwegplatten

Zeichnung 1

Eine schnelle und handwerklich einfache Lösung ist die Gestaltung eines begehbaren Teichrands mit Gehweg- oder Terrassenplatten.
Für die Uferbefestigung benötigen Sie Steine, die zum Schutz der Folie mit einem Vlies abgedeckt werden. Darüber wird die Folie gezogen und mit ihrem Ende nach oben im Erdreich vergraben. Zwischen Platten und Folie entweder auch ein Schutzvlies legen oder eine etwa 5 cm hohe Sandschicht aufschütten.

Holzsteg

Zeichnung 2

Ein Holzsteg entlang des Teichufers ist sehr dekorativ. Fertige Stegsegmente (Baumarkt) erleichtern die Arbeit. Wenn Sie den Steg selber bauen wollen, sollten Sie so vorgehen:

1 Steinplatten am Ufer.

- Entsprechend der Länge und Breite des Stegs das Erdreich am Ufer etwa 25 cm tief ausheben.
- Eine 10 bis 15 cm hohe Kiesschicht aufschütten.
- Pro Meter Stegbreite drei Reihen Kalksandsteine auf die Kiesschicht setzen. Die Räume zwischen den Steinen mit Sand füllen.
- Auf die Steinreihen jeweils einen Lagerbalken legen. Darauf mit nichtrostenden Nägeln oder Schrauben die Stegplanken befestigen.
- Die Teichfolie an den vorderen Lagerbalken nageln und mit einer Holzblende versehen.

2 Ein Holzsteg, der entlang des Teichrands verlegt wird, braucht einen stabilen Unterbau.

3 Rundholzpflaster wird am Teichrand in einem Sand- oder Kiesbett verlegt.

Holzpflaster

Zeichnung 3

Dekorativ für den begehbaren Teichrand ist das Rundholzpflaster, das man vorgefertigt im Holz- oder Baumarkt kaufen kann. Es muß in einem Kies- oder Sandbett verlegt werden.
»Das Pflasterbett«: Die Teichfolie sollte am Rand noch nicht befestigt sein, gegebenenfalls Folie »ausgraben«.

4 *Der kleine Sumpfgraben am unbegehbaren Teichrand kann üppig bepflanzt werden.*

Auf der gesamten Fläche, die gepflastert werden soll, heben Sie für das Bett die Erde etwa 15 cm tief aus. Dann füllen Sie die ausgehobene Fläche etwa 15 cm hoch mit Sand oder Kies auf.
Nun die Teichfolie über mittelgroße Steine ziehen und so legen, daß das Folienende zwischen der ersten und zweiten Pflasterreihe nach oben ragen kann. Um die Folie vor Beschädigungen zu schützen, den Bereich der ersten Pflasterreihe dünn mit Sand bedekken oder ein Schutzvlies darauf legen.
Pflaster verlegen: Das Pflaster dicht an dicht in das Sand- oder Kiesbett einbetten. Ganz leicht anklopfen und auf das fertige Pflaster soviel Sand mit einem groben Besen verteilen, bis alle Pflasterritzen damit gefüllt sind. Überstehende Folie am Teichrand mit Kieselsteinen bedecken.

Kleiner Sumpfgraben

Zeichnung 4

Den nicht begehbaren Teichrand können Sie mit einem Sumpfgraben verschönern.

- Die Erde am Teichrand in einer Breite von 30 bis 40 cm auf Wasserspiegelhöhe abgraben.
- Die Folie über den abgegrabenen Abschnitt so legen, daß ihr Ende senkrecht nach oben ragt.
- Den Teichrand (direkt am Wasser) mit Steinen belegen. Wenn nötig, schwere Steine mit Silikonkleber festkleben, damit sie nicht in den Teich kippen.
- Erde in den Graben füllen und bepflanzen. Gut geeignet sind Sumpfpflanzen, die keine Staunässe vertragen.

Steilufer gestalten

Zeichnung 5 und 6

Steilufer müssen Sie befestigen, zum Beispiel mit Lagersteinen (→ Zeichnung 5) oder einer Trockenmauer, für die man Steine aufeinanderschichtet. Die Steine werden nicht vermörtelt (→ Zeichnung 6).
Böschungsmatten mit integrierten Pflanztaschen sind ideal für die Bepflanzung von Steilufern. Sie müssen hinter der Folie im Erdreich befestigt werden. Dafür gibt es spezielle Befestigungshaken.
Mein Tip: Fischfanggelüste von Katzen vereiteln Sie, wenn Sie rechteckige Steinplatten so verlegen, daß sie etwa 20 cm in den Teich hineinragen (Platte am Rand vermörteln!).

5 *Steilufer mit Böschungsmatten.*

6 *Steinplatten, die etwa 20 cm über den Rand ragen, machen den Teich »katzensicher«.*

Wissenswertes über Steine

Steine haben sich im Garten und rund ums Haus als Gestaltungselemente und praktische »Bauhilfe« bewährt. Auch für den Teichanleger sind sie ein wichtiges Bau- und Dekorationsmittel.
Geeignete Gesteinsarten, die Sie im und rund um den Teich problemlos verwenden können, sind alle Urgesteine, wie Kieselsteine, roter, grüner und schwarzer Schiefer, Sandstein, Lava sowie Basalt. Diese Gesteine geben keine Stoffe ab, die das Wasser beeinträchtigen könnten.
Ungeeignet sind Kalksteine, die durch den Regen ausgewaschen werden, wodurch sogenannte Härtebildner an ihre Umgebung abgegeben werden. Gelangen diese Stoffe in den Teich, können sie das Wasser ungünstig beeinflussen.

Steine und ihre Verwendung

Wenn man von Steinen spricht, denkt man meist zuerst nur an dekorative Steinarten, aber es gibt auch welche, die nicht so schön sind, aber ungemein nützlich für die Teichanlage.
Kiesel- und andere Natursteine kommen bei der Uferbefestigung und bei der Teichrandgestaltung zum Einsatz. Über Kieselsteine kann man leicht am Teichrand die Folie ziehen (→ Seite 14) und sie unter einem hübschen Steinwall verstecken.
Bruchnatursteine sind ideal fürs Anlegen einer Trockenmauer, mit der man Steilufer oder Hangseiten gut stützen kann.
Gitterziegel oder Porotonsteine sind unscheinbare, für den Hausbau hergestellte Ziegelsteine, die ich aber jedem Teichanleger als universelles Hilfsmittel nur empfehlen kann. Man kann damit zum Beispiel ganz einfach und schnell Abgrenzungen zwischen Sumpf- und Flachwasserzone aufschichten und Podeste für Seerosenkörbe oder Pumpen errichten.
Mein Tip: Achten Sie darauf, daß die Öffnungen der Gitterziegel immer seitlich liegen, damit das Wasser waagerecht durchfließen kann.
L- und U-Steine sind aus Beton gegossene Formsteine, die beim Haus- und Straßenbau verwendet werden. Doch das sollte Sie nicht schrecken, denn die L-Steine sind als stützendes Element für Steilufer, Hang oder Teiche mit hochgelegtem Wasserspiegel unschlagbar (→ Teich-Modelle, Seite 26/27). Und die U-Steine leisten als stabile Unterlage für Trittsteine und vieles andere die besten Dienste.

Pflaster und Steinplatten

Unendlich viele Möglichkeiten gibt es, den Teichrand mit Pflastersteinen oder Steinplatten zu gestalten. Ein schmaler Streifen als begehbarer Teichrand oder ein ganzer Platz für Tisch und Stühle bekommen damit eine dekorative Unterlage.
Pflaster: Richtig verlegt sind Pflaster aus Naturstein, Beton oder Klinker wasserdurchlässig und unverwüstlich. Die schönsten Muster lassen sich damit legen, wobei Sie komplizierte Muster besser vom Fachmann verlegen lassen sollten. Einfache Muster sind für einen Laien gut machbar (→ Pflastern, Seite 18).
Platten: Gehweg- oder Terrassenplatten aus Natur- oder Betonstein gibt es in vielen dekorativen Variationen. Die Auswahl ist riesig, doch sollte man sich für den Teichrand für eine schlichte, möglichst natürlich aussehende Plattenversion entscheiden, vor allem wenn große Flächen belegt werden sollen. Alle Steinplatten brauchen einen stabilen Unterbau. An flachen Ufern genügen große Steine, an Steilufern ist eine Trokkenmauer als Unterlage zu empfehlen.
Mein Tip: Keine Platten mit glattgeschliffener Oberfläche am Teichrand verwenden. Sobald Wasser darauf kommt, verwandeln sie sich in eine gefährliche Rutschbahn.

Steine und Holz für Teich und Ufer

Viele schöne Möglichkeiten gibt es, um mit Steinen und Holz den Teichrand zu gestalten.

Tips für den Steinkauf

Schöne Kieselsteine in allen Größen und die nützlichen Gitterziegel, L- und U-Steine bekommen Sie landesweit im Baustoffhandel.
Bei den Natursteinen wird die Besorgung manchmal etwas schwieriger. In einigen Gegenden gibt es spezielle Natursteinvertriebe, die im Branchen-Fernsprechbuch zu finden sind. Da die Transportkosten für Steine nicht gerade gering sind, sollte man versuchen, einen Lieferanten in nächster Nähe zu finden.
Wichtig: Steine, die draußen in der Landschaft liegen, haben immer einen Besitzer. Sie dürfen sie also nur mit dessen Erlaubnis einsammeln (bei der Gemeindeverwaltung fragen).

Wissenswertes über Holz

Aus unseren Gärten ist Holz kaum mehr wegzudenken. Es fügt sich ebenso harmonisch wie Steine in die Gartengestaltung ein, wirkt natürlich und läßt sich auch meist von handwerklich Ungeübten gut verarbeiten.
Beim Teichanlegen kann man Holz als gestalterisches und

gleichzeitig nützliches Element hervorragend verwenden.
Gartenholz: Unter dieser Bezeichnung werden in vielen Baumärkten Rund- und Kanthölzer, Bretter für Stege und vieles mehr angeboten. Diese Hölzer sind in der Regel druckimprägniert, wodurch sie auch bei ständigem Erdkontakt eine lange Lebensdauer haben. Für die Verarbeitung am Teich sollten Sie ausdrücklich kesseldruckimprägniertes Holz verlangen, das ist für diesen Zweck am besten geeignet.
Ungeeignetes Holz: Abzuraten ist von billigem Bauholz, weil es meist sehr schnell fault. Auf keinen Fall sollten Sie ausgediente Eisenbahnschwellen verwenden, weil sie mit einiger Sicherheit durch Öl und Unkrautvernichtungsmittel verseucht sind. Werden diese Stoffe durch Regen ins Teichwasser geschwemmt, werden Wasser und Teichleben vergiftet.

Wasserüberlauf anlegen

Damit nach starkem Regen nicht das Teichwasser das Ufer überflutet, sollten Sie eine Sickergrube als Abfluß oder Überlauf anlegen. Das ist mit einem Kompostring (Gartenfachhandel) ganz einfach: Ein Loch in Größe des Rings graben, die Wände des Rings mit Folie auskleiden (nicht den Boden!) und faustgroße Steine einfüllen. Zwischen Grube und Teich eine Rinne graben, mit Folie auslegen und mit Steinen füllen.

Sickergrube als Überlauf.

Verwendungstips für Holz

Rund- und Kanthölzer, senkrecht am Teichufer eingegraben, haben gleich zwei Funktionen: Der in der Erde steckende Teil bildet eine stabile Uferbefestigung und der aus der Erde ragende Teil einen dekorativen, begehbaren Teichrand.
Als Stützelemente beim Anlegen eines Baches (→ Seite 34) oder eines Teiches am Hang (→ Seite 26) sind sie ebenso praktisch wie beim Bau von Brücken oder Stegen.
Mein Tip: Auch wenn Sie bestes Gartenholz verwenden, sollten Sie immer zwischen Holz und Teichwasser eine Folie bringen. So vermeiden Sie, daß irgendwelche Stoffe – ob schädlich oder unschädlich – ins Teichwasser ausgewaschen werden.

Brücken und Stege

Zur »höheren Schule der Teichgestaltung« gehören die Brükken und Stege. Sie erfordern recht viel Arbeitsaufwand und sind auch nicht ganz billig.
Brücken aus Holz, Natursandstein oder Beton gibt es in vielen Größen und Ausführungen im Garten- oder Holzfachhandel, manchmal auch in Baumärkten. Der Schwierigkeitsgrad der Montage hängt von der Größe und vom Gewicht ab. Wichtig ist in jedem Fall, daß die Brücke an beiden Enden auf einer stabilen Unterlage aufliegt oder befestigt ist.
Gute Beratung und meist auch ein Fachmann fürs Aufbauen sind wichtig, wenn man nicht nur eine schöne, sondern auch eine unfallsichere Brücke haben will.
Stege, die am Ufer entlang gelegt werden oder in den Teich reichen, kann ein versierter Heimwerker durchaus selber bauen.
Wichtig bei beiden Stegen ist ein solider Unterbau am Ufer. In den Teich reichende Stege müssen sicher abgestützt werden, zum Beispiel so:
Zwei U-Steine mit den Schenkeln nach oben auf Folienreste und Schutzvlies in den Teich stellen. Die Stützpfeiler in die U-Steine setzen und mit Fertigbeton einbetonieren. Zum Stabilisieren an die Pfeiler kreuzförmig Latten nageln.

Trittsteine

Trockenen Fußes durch den Teich gelangen Sie mit Hilfe von Trittsteinen. Besonders bei großen Teichen sind sie sehr praktisch, weil sie die Pflegearbeiten erleichtern.
Mit Hilfe von U-Steinen, aufgeschichteten und mit Silikon verklebten Gitterziegeln oder Gehwegplatten können Sie die Trittsteine in unterschiedlichen Höhen anlegen.
Mein Tip: Trittsteine nur im Flachwasserbereich anlegen. Zu hohe Steine (mehr als 50 cm) wackeln und sind nicht mehr gefahrlos zu begehen!

Licht am und im Teich

Schwimmende Kugelleuchten im Teich oder dekorative Leuchten am Teichrand bringen ein gemütliches Licht in den abendlichen Garten.
Für die Lichtinstallation sehr zu empfehlen: Leuchten, deren Stromversorgung über einen Transformator läuft, der ans normale (220 Volt) Stromnetz angeschlossen wird und die Stromspannung auf 12 bis 24 Volt verringert. Solch ein Trafo verhindert lebensgefährliche Stromunfälle.

Natürliche Wasserkläranlage

Zur Reinhaltung des Wassers werden heute nicht mehr nur technische Filter eingesetzt, sondern auch umweltschonende, kleine biologische Pflanzen-Kläranlagen, die das Teichwasser und damit das Teichleben auf sehr natürliche Art intakt halten. Mit diesen Bio-Filtern, die in mehreren Modellen angeboten werden, kommen die natürlichen Selbstreinigungskräfte, die in der Natur für das biologische Gleichgewicht in Teichen und Seen sorgen, zum Einsatz.
Einbau: Die kleinen Klärbecken, auch Filterteiche genannt, werden am Teichrand wie ein Fertigteich eingebaut. Je nach Modell ist ihr »Innenleben« unterschiedlich. Die Zeichnung unten zeigt zum Beispiel ein Modell mit einer Kammer, die mit einer Kiesschicht, Filtermatte und einer Sandschicht gefüllt wird. Obenauf kommen Pflanzerde oder Pflanzkörbe.
Bepflanzung: Schilf, Binsen, Wasser-Schwertlilien.
Wasserkreislauf: Er wird mit einem Schlauch und einer Pumpe hergestellt. Pumpenstärke nicht mehr als 5 Liter pro Minute = 300 Liter pro Stunde, das Wasser darf nur sickern.
Funktionsweise: Während das schmutzige Teichwasser langsam durch das Klärbecken sickert, werden grobe Schmutzpartikel zurückgehalten. Die Pflanzen entziehen dem Wasser die notwendigen Nährstoffe zum Wachsen. Ferner bauen Milliarden von Mikroorganismen die organischen Stoffe um, so daß sie von den Pflanzen neu verwertet werden können. Das saubere, mit Sauerstoff angereicherte Wasser fließt in den Teich zurück.

Beispiel einer bepflanzten Kläranlage, die hilft, das Teichwasser auf natürliche Weise sauberzuhalten.

Badeteich – Tiere und Pflanzen brauchen einen abgegrenzten Bereich, in dem sie ungestört sind.

Badespaß im Teich

Wer hat schon so einen großen Garten, daß er Swimmingpool und Gartenteich darin unterbringt? Außerdem wirkt ein blauglänzender Swimmingpool in einem naturnahen Garten wie ein Fremdkörper. Wenn der Garten nicht gar zu klein ist, kann man sich den Badespaß im Teich leisten.

Teichgröße: 15 bis 20 m², wenn Sie den Teich zum Abkühlen an heißen Tagen, zum Planschen und gemächlichem Schwimmen benutzen möchten. Deutlich größer (etwa 30 bis 40 m²) muß er sein, wenn Sie »sportlich« schwimmen wollen.
Teichtiefe: Ideal für den Badebereich sind 80 bis 150 cm.
Teichgestaltung: Den Badebereich und den Lebensraum von

Ein gemütlicher Platz am Teich.

Tieren und Pflanzen, den sogenannten Biotop-Bereich, müssen Sie voneinander trennen.

- Die einfachste Methode: eine lose geschichtete Steinmauer oder aufgereihte L-Steine. Beides muß etwa 20 cm unter der Wasseroberfläche enden, daß der Wasseraustausch zwischen den Bereichen funktioniert.
- Die aufwendigere Methode: Für den Badebereich ein Fertigbecken einbauen und daran anschließend mit Teichfolie ein breites, flach auslaufendes Ufer anlegen.

Tiere und Pflanzen im Badeteich

Je größer der Biotop-Bereich, um so besser kann sich eine vielfältige Tier- und Pflanzenwelt entwickeln.
Tiere: Trotz der Trennung verursacht das Baden Unruhe im Teich, was vor allem manche Amphibien Reißaus nehmen läßt. Libellen, Käfer und andere Insekten werden sich jedoch im Biotop-Bereich ansiedeln.
Wenn der Badeteich kleiner als 40 m^2 ist, sollten Sie auf Fische verzichten, weil Sie die Tiere sonst in ihrem Lebensrhythmus stören würden.
Bepflanzung: In den Biotop-Bereich können Sie alle Sumpf- und Flachwasserpflanzen setzen. Den Badebereich bepflanzen Sie besser nur mit Seerosen und ein paar Rohrkolben.
Vorsicht: Manche Schilfarten sind messerscharf. Diese Arten dürfen Sie im Badeteil nicht verwenden! Vom Fachhändler beraten lassen!
Pflegetips: Wichtig für Tiere, Pflanzen und Menschen ist ein guter Teichfilter (beim Baden abstellen). Außerdem: regelmäßiger Wasserwechsel, im Sommer alle 6 Wochen etwa ein Drittel des Teichwassers ablassen. Luftpumpe durchlaufen lassen. Gründliche Teichpflege im Herbst (→ Seite 54).

Miniteich für Terrasse und Garten

Auf der Terrasse oder im Vorgarten sind in Gefäßen angelegte Miniteiche eine attraktive Ergänzung. So einen Miniteich müssen Sie allerdings in jedem Frühjahr, am besten nach den Eisheiligen, neu anlegen. Stellen Sie den Teich dann bis zum Herbst an einen windgeschützten, sonnigen Platz.
Gefäße: Geeignet sind alle Gefäße, die mehr als 10 Liter Wasser fassen. Kunststoffbehälter sollten Sie mit Holz verkleiden, um zu verhindern, daß sich das Wasser bei Sonneneinstrahlung zu schnell erwärmt. Die Materialien dazu gibt es im Baumarkt.
Einpflanzen: Setzen Sie die Pflanzen am besten in kleine, der Gefäßgröße entsprechende Gitterkörbe. Als Pflanzerde empfehle ich Aquarienerde (im Zoofachhandel erhältlich).
Nach dem Einpflanzen düngen: pro Korb eine Tablette Stickstoffdünger (im Fachhandel erhältlich). Die Erdoberfläche in allen Körben etwa drei Finger hoch mit Kies bedecken (Körnung 5 bis 7 mm).
Die Pflanzen: Gut miteinander harmonieren zum Beispiel:

- Zwergseerose, Lotus, Blutweiderich, Tannenwedel und Pfennigkraut.
- Seekanne, Zwergrohrkolben Wasserähre, Schwanenblume, Zungenblättriger Hahnenfuß und Hornkraut.
- Zwergseerose, Zyperngras, Wasserhahnenfuß, Kardinalslobelie und Wasserpest.

Pflanzenpflege: Pflanzen ab und zu zurückschneiden, schnellwüchsige stärker einkürzen als langsam wachsende. Darauf achten, daß Spätblüher wie die Kardinalslobelie nicht überwuchert werden.
Wasserpflege: Einmal im Monat ein Drittel des Wassers wechseln und ein Wasseraufbereitungsmittel zugeben (genau auf die Dosierung achten!).
Überwinterung: Im Oktober den Miniteich entleeren. Die Pflanzen stark zurückschneiden und alle Blätter entfernen. Alle Pflanzkörbe in eine Plastikwanne setzen, mit Laub abdecken und die Wanne bis zum Frühjahr an einen frostfreien Platz stellen.

Praxis: Teich-Modelle

Auf diesen Praxis-Seiten sind Teichmodelle für »besondere Fälle« beschrieben.

1 Ein Teich am Hang muß so angelegt werden, daß das Erdreich nicht ins Rutschen kommt.

Teich am Hang

Zeichnung 1 und 2

Das Wichtigste beim Teich in Hanglage: Das Erdreich darf nicht ins Rutschen kommen.
L-Steine (im Baustoffhandel erhältlich) haben sich als Befestigungselemente für Hang- und Talseite bewährt.

- Hang etwa 70 cm tief abgraben. Die L-Steine dicht nebeneinander aufreihen, wobei der kürzere Schenkel jeweils zum Hang weist. Dahinter Erde sowie kleinere und größere Steine in Art einer Trokkenmauer aufschichten.
- Die Talseite kann mit L-Steinen befestigt werden, wobei hier der kürzere Schenkel jeweils vom Hang wegweist.
- Zur Sicherheit an der Talseite die L-Steine mit einigen größeren Steinen abstützen.
- Folie wie in Zeichnung 1 gezeigt über die L-Steine ziehen.
- Um die L-Steine zu verdecken, an der Talseite eine Trockenmauer treppenförmig errichten.

Rundhölzer (→ Zeichnung 2) eignen sich ebenso wie L-Steine für die Befestigung der Talseite. Die Hölzer versenkt man in ein Fundament aus Fertigbeton. Um die Folie am Rand zu befestigen, wird sie über eine Holzleiste gewickelt und samt Leiste an die Rundhölzer genagelt.

2 Rundhölzer müssen in ein Fundament versenkt werden.

Pflanzen-Insel

Zeichnung 3

Ein schwimmendes »Gärtchen« mit exotisch wirkenden Moorpflanzen ist ein besonderer Blickfang für den Teich. Solch eine Pflanzeninsel können Sie selber bauen, die »Zutaten« bekommen Sie alle im Baumarkt:
Sie benötigen: eine 1 m² große, 30 cm dicke Styrodurplatte, 8 m Vierkantholzbalken (8 x 10 cm), sehr haltbar ist Zedernholz, dazu 4 lange nichtrostende Schrauben mit Mutter.
Die Insel bauen: In die Platte etwa messerbreite Löcher schneiden und die Löcher mit Torfmoos (Gärtnerei) ausstopfen. Das Moos wirkt wie ein Docht und versorgt später das »Beet« mit Wasser.
Die Balken zu zwei Rahmen (in Plattengrö-

3 Die Pflanzen-Insel für Moorpflanzen ist mit Hilfe von Holzbalken und einer Styrodurplatte schnell selbst gebaut.

ße) zusammenfügen. Einen Rahmen unter, einen auf die Platte legen, an den Ecken die Hölzer samt Platte durchbohren, jeweils die Schrauben mit Beilagscheiben und Muttern fixieren.
Bepflanzung: Torf einfüllen (Erde wird zu schwer), Moorpflanzen (aus der Gärtnerei!) einsetzen.
Pflege: Wenn nötig, nur mit Regenwasser gießen. Nie düngen.
Mein Tip: Die Insel verankern (großer, an ein Seil gebundener Stein).

Moorbeet

Zeichnung 4

Wer Moorpflanzen lieber an Land ansiedeln möchte, kann ein leicht zu bewässerndes Moorbeet am Ufer oder irgendwo im Garten anlegen: Eine große Plastikwanne (ausgedienter Sandkasten) in die Erde eingraben. Eine 5 bis 10 cm hohe Kiesschicht einfüllen. Durchlöcherte Joghurtbecher mit der Becheröffnung nach unten auf den Kies setzen. Ein durchsichtiges Plastikröhrchen als Wasserstandsmesser anbringen. Torf einfüllen, wässern und Moorpflanzen einsetzen. Mit Regenwasser das Beet gut feucht halten.

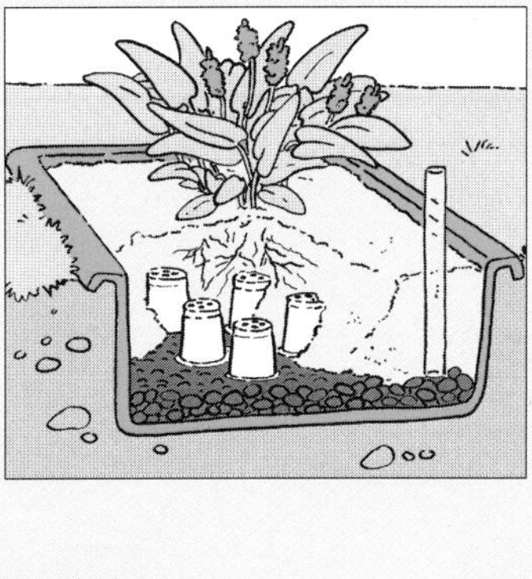

4 Ein Moorbeet mit einem Bewässerungssystem aus Plastikbechern ist schnell angelegt und leicht zu pflegen.

Teich mit hochgelegtem Wasserspiegel

Zeichnung 5 und 6

Solch ein Teich ist vor allem bei Gärten mit sehr felsigem Untergrund zu empfehlen. Zwei dekorative Möglichkeiten zeigen die Zeichnungen 5 und 6.

5 Teich mit hochgelegtem Wasserspiegel für Gärten mit felsigem Boden.

6 Der Aufstellteich aus Holzelementen muß auf einem ebenen Untergrund stehen.

Fertigteich: Sie graben nur für die Tiefwasserzone eine Loch, setzen das Becken ein und stabilisieren den Teich ringsherum so mit Hilfe von L-Steinen, daß der Beckenrand auf den Steinen aufliegt. Holzpalisaden oder eine Trockenmauer, hübsch bepflanzt, verdecken die L-Steine.

Aufstellteich: Als Bausatz gibt es im Handel den sogenannten Aufstellteich aus Holzbohlen. Seine Form können Sie durch das vom Hersteller konzipierte variable Vielecksystem selbst bestimmen. Zusammengefügt wird der Teich mit Hilfe von Gelenkstäben. Ausgekleidet wird er mit Folie, die unter der obersten Bohle befestigt wird.

Faszination Wasserspiele

Für viele Menschen gewinnt das Element Wasser an Faszination, wenn es fließt, sprudelt, plätschert und die Wassertropfen dabei in der Sonne glitzern. Wasserspiele am und im Gartenteich sind für sie ebenso wichtig wie Seerosen.
Wasser in Bewegung zu bringen, ist am Gartenteich kein Problem, und die Auswahl an reizvollen Wasserspielen ist riesig (→ Fotos rechts und Beschreibungen Seite 30/31). Nur darf man dabei nicht vergessen, daß der Gartenteich ein Lebensraum für Pflanzen, Fische und andere Tiere ist. Viele von ihnen vertragen es nicht, wenn unablässig Wasser auf sie niederrieselt oder sie in ständig stark bewegtem Wasser leben müssen.
Tips für die Auswahl: Vor allem wenn der Teich klein ist, sollten Sie bei der Wahl des Wasserspiels folgendes beachten:

- Kleiner Teich, kleines Wasserspiel.
- Je naturnaher der Teich gestaltet ist, desto sanfter sollte das Wasser plätschern.
- Wasserspiele wie Springbrunnen, die einen »Wasserhagel« verursachen, sind im »Lebensraum Gartenteich« fehl am Platz, sie gehören in ein separates Becken.

Kleiner Wasserfall, harmonisch in die Randbepflanzung eingebettet.

Quellsteine gehören zu den beliebtesten Wasserspielen.

Wasser in Bewegung

Motor eines jeden Wasserspiels ist eine Teichpumpe. Um aus dem breitgefächerten Angebot an Pumpen samt Zubehör (wie Düsen für Fontänen, Wasserglocken usw.) das Passende für den eigenen Teich zu finden, ist gute Beratung beim Kauf besonders wichtig. Als Alternative zu den strombetriebenen Pumpen gibt es umweltfreundliche Solarpumpen, die keinerlei Stromanschluß benötigen. Mit Hilfe von Solarmodulen die zur Sonne ausgerichtet sind, liefert die Sonne die nötige Energie zum Nulltarif. Ein zusätzlich als Energiespeicher installierter Akku hält das Wasserspiel auch an trüben Tagen in Bewegung.

Steinschale als Mini-Wasserfall.

Schaumsprudler.

Wasserspeier aus Terrakotta.

Quellsteine

Zu den beliebtesten Wasserspielen gehören die Quellsteine. Weil sie das Wasser nur sanft sprudelnd in Bewegung bringen, kann man sie für jeden Teich verwenden.
Diese Quellsteine sind Mühlsteine oder mit einem Loch versehene Findlinge. (Ein Beispiel sehen Sie auf Seite 29.) Sie werden in allen möglichen Größen aus Naturstein oder Kunststoff im Handel angeboten.
Fürs Installieren der Quellsteine gibt es verschiedene Möglichkeiten, zum Beispiel:
- Man kann sie in die Flachwasserzone integrieren.
- Schön sieht es auch aus, wenn man sie so in ein separates Becken am Teichrand setzt, daß das Wasser in den Teich laufen kann. Dafür müssen Sie am Teichrand eine Mulde ausheben, mit Schutzvlies und Folie auskleiden und mit katzenkopfgroßen Steinen füllen.

Hinweis: Im Handel gibt es vollständige Bausätze mit Quellstein, Becken (Folien- oder Kantholzbecken) und Füllmaterial. Diese Becken können Sie am Teichrand, aber auch völlig separat im Garten aufstellen. Eine verständliche Bauanleitung wird von guten Herstellern mitgeliefert.
Für den Wassereinlauf sorgt eine Tauchpumpe, für die es spezielle Düsenaufsätze gibt, die zum Beispiel eine kleine, spritzige Fontäne erzeugen. Andere Möglichkeit: Sie benutzen den Stein für die Frischwasserzufuhr, indem Sie das eine Ende eines Wasserschlauchs durch das Loch im Stein stekken und das andere Ende an die Wasserleitung anschließen.
Das Loch im Stein: Jeder größere Stein wird zum Quellstein, wenn man ihn mit einem Loch versieht. Ich kann aber nur dringend davon abraten, das Loch selber zu bohren. Je härter das Gestein, desto schneller geben normale Heimwerker-Bohrer ihren Geist auf. Ganz abgesehen von der großen Verletzungsgefahr durch herumfliegende Steinsplitter. Falls Sie, weshalb auch immer, einen »ungelochten« Stein gekauft oder gefunden haben, sollten Sie die Lochbohrerei unbedingt einem Fachmann überlassen.

Wasserspeier

Das Angebot an wasserspeienden Figuren ist fast unübersehbar. Welche Figur Sie sich auch wünschen, Sie bekommen sie sicher im Gartenfachhandel oder bei spezialisierten Herstellern. Von der klassischen pausbäckigen Putte über die verschiedensten Tiergestalten bis hin zu futuristischen Skulpturen ist alles zu haben, angefertigt aus den unterschiedlichsten Materialien wie Kunststoff, Keramik oder Sandstein.
Beim Aufstellen des Wasserspeiers bitte beachten:
- Am Teichrand die Figur so aufstellen, daß sie nicht in den Teich kippen kann.
- Zum Schutz der Folie immer ein Vlies unterlegen.
- Bei schweren Figuren eine Trockenmauer unterbauen oder sie auf senkrecht eingegrabene Rundhölzer setzen.

Mein Tip: Lassen Sie den Wasserspeier nicht ständig laufen. Und achten Sie darauf, daß der Wasserstrahl nicht auf Seerosen fällt. Am besten benutzen Sie den Speier für die Frischwasserzufuhr, indem Sie ihn an die Wasserleitung anschließen.

Kleine Fontänen

Faszinierend, welch schöne Formen das Wasser mit Hilfe der vielen verschiedenen Pumpenaufsätze »zaubern« kann. Das Wasser läßt sich damit in dünne oder dicke Kaskaden, zu Wasserglocken oder einem sprühenden Wasserstern formen. Wunderschön sind diese Wassergebilde, doch passen sie nicht in jeden Teich. Wem ein ungestörtes Teichleben wichtig ist, der bremst seinen Wasserspiel-Trieb und entscheidet sich für eine kleine Fontäne, bei der aus geringer Höhe das Wasser sanft niederfällt. Alles andere gehört in ein separates Becken, das man ohne allzu großen Aufwand am Teichrand oder an

einer anderen Stelle im Garten anlegen kann. Solch ein dekoratives Wasserspiel-Becken erhöht den Reiz Ihres Gartens.
Mein Tip: Montieren Sie die mit einer Wasserpumpe betriebene kleine Fontäne im Teich auf einen Gitterziegel oder ein Pumpenstativ (→ Seite 13). So können Sie die Pumpe leicht in die für die Fontäne geeignete Position bringen.

Springbrunnen

Diese gewaltigste Fontänenform ist das Lieblingskind aller Wasserspiel-Fans. Leider eignet sie sich gar nicht für einen Gartenteich. Ihr niederprasselndes Wasser »verhagelt« die Seerosen und die anderen Wasserpflanzen. Und es beeinträchtigt massiv das Wohlbefinden aller im Teich lebenden Tiere. Kurzum, ein Springbrunnen richtet im Teich nur Schaden an. Wenn Ihr Herz an einem Springbrunnen hängt, gilt das gleiche wie bei den »prasselnden« Fontänenformen: Bauen Sie dafür ein separates Becken. Praktisch sind die kompletten Springbrunnen-Bausätze, die im Garten- oder Zoofachhandel angeboten werden. Sie enthalten alles, was man für einen prachtvollen Springbrunnen braucht, nämlich Folienbecken, Pumpenschacht samt Abdeckung, Pumpe, Fontänenaufsatz und Bauanleitung.

So wird ein kleiner Wasserfall angelegt

Einen kleinen Wasserfall kann ich für jeden Teich empfehlen. Richtig angelegt, lädt sein sanftes Fließen und Plätschern nicht nur zum Träumen ein, sondern bringt auch konkreten Nutzen für den Teich.
Durch die Bewegung reichert sich das Wasser mit Sauerstoff an, was der Wasserqualität im Teich zugute kommt.
Mein Tip: Wenn Sie einen Bach anlegen, der in den Teich fließen soll, ist der hier beschriebene Wasserfall ideal für das Bachende (Mündung), an dem das Bachwasser langsam in den Teich plätschert.
Sie benötigen für einen kleinen Wasserfall 3 bis 5 Bach- oder Treppenschalen aus Naturstein oder Kunststoff, außerdem Erde und Kies.

Beim Anlegen gehen Sie so vor:
- Für das nötige Gefälle einen kleinen Erdhügel aufschütten (Teichaushub oder Gartenerde).
- Mit einer Maurerkelle Stufen formen und diese als Unterfütterung für die Schalen 5 bis 10 cm hoch mit Kies bedecken.
- Die Schalen – wie auf der Zeichnung – aufsetzen.

Die unterste Schale muß etwas in den Teich hineinragen.
Hinweis: Wenn Sie die speziellen Bach- oder Treppenschalen verwenden, muß der Wasserfall nicht mit Folie abgedichtet werden. Falls Sie ihn aus Gehwegplatten oder Natursteinen bauen, ist eine Abdichtung der stufenförmigen Anlage unbedingt nötig!
Wichtig: Die Teichfolie muß am Teichrand richtig verlegt sein (→ Seite 14).

Ein kleiner Wasserfall braucht ein stufenförmiges, nicht zu steiles Gefälle. Schnell angelegt ist er mit Bach- oder Treppenschalen.

Wozu ein Bach gut ist

Zum einen ist ein Bach einfach schön und eine kleine Attraktion in jedem Garten, zum anderen bringt er zahlreiche wichtige Vorteile mit sich.
Vorteil für den Teich: Ein langsam fließender Bach trägt zur Erhaltung des biologischen Gleichgewichts bei, weil er wie ein biologischer Filter wirken kann. Voraussetzung dafür ist, daß der Bach in den Teich mündet und seine Quelle durch Pumpe und Schlauch mit Teichwasser gespeist wird. Ist das Bachbett richtig angelegt, durchfließt das Teichwasser langsam den Bach, dabei werden die groben Abfallpartikel festgehalten. Außerdem wandeln Mikroorganismen (zum Beispiel bestimmte Bakterien), die sich in einem gut funktionierenden Bach ansiedeln, organische Abfälle in Nährstoffe um, die von den Pflanzen im Teich und im Bach verwertet werden.
Wichtig: Soll der Bach seine Filterfunktion wirksam erfüllen, muß er von Ende April bis Mitte Oktober immer fließen. Wenn er länger als 2 bis 3 Stunden außer Betrieb ist, sterben die Bodenbakterien ab, und die Reinigungskraft läßt vorübergehend stark nach.
Vorteil für den Garten: Die leicht feuchte Luft, die das bewegte Wasser mit sich bringt, läßt die Pflanzen rechts und links vom Bach prächtiger gedeihen. Und entlang der Bachufer gibt's reichlich Platz für unterschiedliche, wunderschön zu pflanzende Feuchtbiotope, die vielen Tieren Unterschlupf und Nahrung bieten können.

Länge, Breite und Tiefe des Bachs

Beides hängt von den Gegebenheiten in Ihrem Garten ab.
Bachbreite: Je breiter ein Bach ist, desto mehr Platz braucht man, um die bachtypischen Mäander (Windungen) anlegen zu können. Wenn Sie von einer Durchschnittsbreite von 50 cm ausgehen, können Sie den Bach funktionell und natürlich gestalten (→ Bachbett anlegen, Praxis-Seite 34).
Bachlänge: Dafür gibt's eine Faustregel. Pro m^3 Teichwasser rechnet man 1,50 m Bachlänge. Ein etwa 6 m^2 großer Teich faßt eine Wassermenge von etwa 4 m^3, also sollte der Bach etwa 6 m lang sein.
Bachtiefe: Ein Bach ist kein Kanal. Typisch für einen Bach sind unterschiedliche Wassertiefen. Wenn man von einer durchschnittlichen Tiefe von 25 cm ausgeht, läßt sich der Bach gut funktionell gestalten (→ Bachbett anlegen, Praxis-Seite 34).

Wissenswertes über das Gefälle

Sie müssen weder ein Hanggrundstück besitzen noch Berge an Erde aufschaufeln, um einen Bach zum Fließen zu bringen. Schon ein geringfügiges Gefälle von ein paar Zentimetern läßt das Wasser fließen.
Grundregeln fürs Anlegen eines Gefälles:
- Am höchsten Punkt des Gefälles liegt die Bachquelle, also der Bachanfang.
- Ein Bachgefälle muß immer ganz langsam abfallen. Baut man die Quelle auf einen »Turm« und das Bachbett zu ebener Erde, rauscht das Wasser als Wasserfall ins Bachbett und auf seinem weiteren Weg durch den Bach spült es alles Leben hinaus.
- Bei deutlichem Gefälle muß ein Bach stufenförmig aufgebaut werden. Mit Hilfe von Staustufen, die mal länger, mal kürzer, mal breiter oder schmäler sein können, bekommt er das richtige Gefälle.
- Haben Sie ein Grundstück in Hanglage, hilft nur so weit abgraben, bis Sie den Bach mit dem richtigen Gefälle in den Hang einbetten können.

Hinweis: Wer mehr über die vielseitigen Gestaltungsmöglichkeiten eines Baches im Garten wissen möchte, kann sich in leicht verständlicher Fachliteratur informieren (→ Seite 62).

Ein Bach im Garten, eine wunderschöne und nützliche Ergänzung zum Gartenteich.

Im Bach sind Staustufen nötig.

Pflanzen für den Bach

Nur im Zusammenklang mit Pflanzen kann ein Bach seine Filterwirkung erreichen. Die von Mikroorganismen abgebauten Stoffe sind Nährstoffe, die bereits im Bach von Pflanzen verwertet werden müssen. Würden all diese Stoffe in den Teich gelangen, käme es dort zu einer Nährstoffüberfrachtung und als Folge davon zu verstärktem Algenwuchs.
Sparen Sie also nicht an der Bachbepflanzung, zumal die Pflanzen kein Vermögen kosten. Sie werden kräftig wachsen und dauerhaft wirken.
In den Pflanzentabellen auf den Seiten 40/41 und 44/45 ist jeweils angeben, ob sich die genannten Pflanzen für die Bachbepflanzung eignen.

Praxis: Den Bach richtig anlegen

Das Bachbett gestalten

Von der Quelle bis zur Mündung müssen sich Breite, Tiefe und Verlauf des Bachbetts verändern. Lassen Sie den Bach in weitgeschwungenen S-Schlingen laufen. Darauf achten, daß keine spitzen Winkel entstehen, sonst fließt das Wasser nicht richtig und tritt übers Ufer.
Breite: Kleine Einbuchtungen, Stauzonen, breite Sumpfzonen entlang des Ufers, bepflanzte Gitterkörbe im Bachbett sorgen dafür, daß das Wasser langsam dahinfließt.
Tiefe: Eine durchschnittliche Tiefe von 25 cm reicht völlig aus. Die bachtypischen unterschiedlichen Wassertiefen erreicht man mit Hilfe von unterschiedlich hohen Staustufen oder Füllmaterial wie Steine oder Kies.

1 Bach abdichten: Bei sehr steinigem Untergrund ein Schutzvlies unter die Folie legen.

2 Pflanzkörbe im Bach: Wechselseitig eingesetzt regulieren sie die Breite und die Fließgeschwindigkeit des Wassers.

Den Bach mit Folie abdichten

Zeichnung 1

Zu empfehlen ist eine gute Teichfolie in einer Stärke von 1 mm.
Den Folienbedarf messen Sie aus, wenn das Bachbett weitgehend fertig ist. Gemessen wird wie beim Gartenteich (→ Seite 10).
Am Rand befestigt wird die Folie genau wie beim Teich. Das Folienende muß also auch hier immer nach oben zeigen.
Begehbare Ufer müssen Sie befestigen. Dafür wird die Folie über Steine gezogen und wiederum so verlegt, daß ihr Ende nach oben zeigt (→ Zeichnung 1).
Fertigteile: Im Handel gibt es Bachschalen aus unterschiedlichen Materialien, mit denen man in Kombination mit Folie vor allem kurze Bäche schnell anlegen kann. Es werden auch geformte Bachfertigteile angeboten, die wie ein Fertigteich eingebaut werden.

Pflanzkörbe im Bachbett

Zeichnung 2

Mit Pflanzkörben kann man schnell und einfach die Breite des Bachbetts variieren und damit die Fließgeschwindigkeit des Wassers verringern:

- Gut geeignet sind schmale, längliche Gitterkörbe, die man mit nährstoffarmer Pflanzerde (Sand und Lehm zu gleichen Teilen) füllt.
- Die Körbe zum Beispiel mit Zwergrohrkolben, Sumpf-Dotterblumen, Pfeilkraut oder Wasser-Minze bepflanzen.
- Die Körbe dicht am Ufer wechselseitig versetzen, also mal rechts, mal links, so daß sich nie zwei Körbe gegenüberstehen.

3 Quelle und Staustufen lassen sich mit Rundhölzern und Brettern leicht anlegen.

4 Staustufen abdichten: Die Folie schürzenartig etwa 20 cm weit über die Überlauföffnung ziehen und so einschneiden, daß sie sich glatt an das Staubrett anlegen läßt. Die »Schürze« mit Stiften am Brett befestigen oder antackern.

Staustufen anlegen

Zeichnung 3 und 4

Die langsam ansteigenden Staustufen lassen sich ebenso wie die Quelle (der höchste Punkt des Bachs) am besten mit Hilfe von Rund- oder Kanthölzern, Bohlen und Latten sicher haltend anlegen.

Beim Anlegen der Staustufen so vorgehen:

- Alle Staustufen markieren und dabei ihre Breite, Länge und Verlauf abstecken.
- Stützhöhe, also wie hoch die Hölzer aus dem Boden ragen sollen, ebenfalls markieren, z. B. 50 cm Stützhöhe und 50 cm über dem Boden gibt 100 cm Länge.
- Hölzer dicht an dicht senkrecht bis zur Stützhöhe eingraben.
- Waagerechte Verbindungsbretter an der Innenseite der senkrechten Hölzer anbringen.
- Nun das Innere der Stufen mit Hilfe von Erde, Kies oder Holzschwellen aufbauen. Die einzelnen »Staustufenbetten« können unterschiedlich tief sein, müssen aber jeweils in der Waage liegen.
- Ein Staubrett mit einer flachen, nicht zu breiten, halbrunden Öffnung begrenzt jede Stufe. Das Brett in den Falz der senkrechten Hölzer einsetzen.
- Zum Schluß alle Segmente einzeln mit Folie auskleiden und die Übergänge zu den nächsten Stufen abdichten (→ Zeichnung 3).

Sumpfzone am Bachufer

Zeichnung 5

Zusätzlichen Lebensraum für Pflanzen und Rückzugsgebiete für Amphibien und andere Tiere bieten kleine Sumpfzonen am Ufer. Erweitern Sie dazu an einigen Stellen das Bachbett. Die Bereiche müssen nicht tiefer als 10 bis 15 cm sein. Die Sumpfzonen mit Steinen abgrenzen, wodurch sie nur sanft vom Wasser durchströmt werden. Die Bereiche mit Erde füllen und Sumpfpflanzen einsetzen.

5 Sumpfzone am Ufer: Mit Steinen abgrenzen und nährstoffarme Pflanzerde einfüllen.

Damit es grünt und blüht

Richtig bepflanzen

Was wäre eine Gartenteich ohne Pflanzen? Er wäre nicht nur langweilig, sondern Sie hätten auch nicht lange Freude daran, denn Pflanzen sind lebenswichtig für das Biotop Gartenteich. Und damit die Pflanzen gut gedeihen, müssen Sie bei der Auswahl auf ihre Ansprüche an Standort, Licht, Boden oder Wassertiefe achten.

Kleines Foto: Seerosen, die beliebtesten Teichpflanzen. Großes Foto: Schön und vielfältig bepflanzter Gartenteich.

Die Bepflanzung planen

Die zukünftige Blütenpracht vor Augen geht's nach getaner »Bauarbeit« ans Einkaufen der Pflanzen. Garten- und Zoofachhandel, Gartencenter und Wasserpflanzengärtnereien bieten an, was des Teichbesitzers Herz begehrt. Wer jedoch nach dem Motto »Viel bringt viel« wahllos zugreift, ärgert sich später, wenn der Teich in einem Pflanzensammelsurium erstickt. Gerade weil die Pflanzen beim Kauf noch winzig sind, lohnt es sich, mit Papier und Bleistift bewaffnet, die Teichbepflanzung auszutüfteln und dabei auf die unterschiedlichen Ansprüche der Pflanzen zu achten (→ Tabellen, Seite 40 bis 47).

Botanische Namen

Zugegeben, manche botanischen Namen gehen einem nicht so leicht von der Zunge. Und doch ist es nützlich, sie zu kennen und beim Einkauf zu verwenden. Wenn Sie nämlich zum Beispiel einfach eine Iris (Schwertlilie) kaufen, kann's schon Probleme geben, denn die *Iris kaempferi* (Japanische Sumpf-Schwertlilie) verträgt Staunässe nicht, während die *Iris pseudacorus* (Sumpf- oder Wasser-Schwertlilie) in einer Wassertiefe bis zu 25 cm stehen kann.

Der botanische Name einer Pflanze, der übrigens weltweit Gültigkeit hat, besteht aus zwei Teilen:
Der Gattungsname, zum Beispiel *Iris*, steht an erster Stelle und wird immer groß geschrieben.
Der Artname, zum Beispiel *kaempferi* steht an zweiter Stelle und wird klein geschrieben.
Der vollständige Name lautet also: *Iris kaempferi*.
Sorten und Hybriden sind Gartenzüchtungen, die sich von Wildarten zum Beispiel in Farbe und Blütenform (gefüllt, gefranst usw.) unterscheiden. Sie tragen einen zusätzlichen Namen, der in einfache, obenstehende Anführungsstriche gesetzt wird, zum Beispiel *Iris kaempferi* 'Embosed'.

Pflanzerde

Gleichgültig, ob Sie die Pflanzen in eingebrachten Bodengrund oder in Pflanzgefäße setzen: Verwenden Sie nur nährstoffarme Erde! Nährstoffreiche oder gedüngte Erde fördert die Algenbildung und kann schlimme Folgen für die Wasserqualität haben.
Gut geeignet für die meisten Teichpflanzen ist ein Lehm-Sand-Gemisch (kalkhaltiger Boden) im Verhältnis 1:3 oder 1:4, also ein Teil Lehmboden, 3 bzw. 4 Teile Flußsand, Körnung bis zu 2mm (im Baustoffhandel erhältlich).
Besondere Ansprüche haben einige Pflanzen (→ Tabelle, Seite 42/43). Sie benötigen leicht sauren, also kalkarmen (torfhaltigen) Boden. Für sie geeignet ist ein Lehm-Sand-Torf-Gemisch im Verhältnis 1:1:1. Bei Pflanzen, die sauren Boden brauchen, beträgt das Verhältnis 3:3:1.
Mein Tip: Pflanzen mit besonderen Ansprüchen in der Sumpfzone in Pflanzkörbe setzen, so kann man sie problemlos mit den anderen kombinieren.
Spezielle Teicherde: Gibt es im Gartenfachhandel. Empfehlenswert ist ungedüngte Teicherde.

Pflanzbehälter

Als sehr praktisch haben sich die speziellen Pflanzbehälter für Teichpflanzen erwiesen. Weil man sie recht leicht mit Hilfe von Seilen, Ketten oder Eisenhaken aus dem Teich heben kann, erleichtern sie die Teichpflege und das Nach- oder Umpflanzen. Außerdem halten sie wuchernde Pflanzen in Grenzen. Unentbehrlich sind sie, wenn gründelnde Fische wie Goldfische oder Kois im Teich leben. Durch ihr ständiges Gründeln wäre bei lehmhaltigem Bodengrund das Wasser bald eine trübe Brühe.

Gitterkörbe: Diese Pflanzkörbe gibt es in verschiedenen Größen, rund, eckig oder oval.
Kokosfaserkörbe: Diese aus den Fasern der Kokosnuß hergestellten Pflanzkörbe wirken sehr natürlich.
Böschungsmatten: Diese locker gewebten Matten – meist mit praktischen Pflanztaschen versehen – sind ideal fürs Bepflanzen steilerer Ufer (→ Teichrandgestaltung, Seite 18).

Tips fürs Pflanzen

Pflanzzeit: Einpflanzen können Sie vom Frühjahr bis zum Herbst. Da die Teichpflanzen meist in Pflanzcontainern gezogen werden, gibt es beim Einpflanzen keine Wurzelverletzungen, so daß die Pflanzen sofort weiterwachsen.
Pflanzdichte: Als Faustregel für die Erstbepflanzung gilt:

- In der Sumpfzone pro m^2 = 4 bis 6 Pflanzen.
- In der Flachwasserzone pro m^2 = 3 bis 4 Pflanzen.
- Bei den Seerosen richtet sich die Anzahl nach der Wüchsigkeit (→ Tabelle, Seite 46).
- Unterwasserpflanzen pro m^2 Wasseroberfläche = 2 bis 3 Pflanzen .

Mein Tip: Pflanzen Sie eher weniger als mehr. Nachpflanzen ist besser, als wenn die Pflanzen einander verdrängen.

Seerosen pflanzen und pflegen

Nicht jede Seerosen-Sorte ist für jeden Teich geeignet, denn die verschiedenen Sorten haben unterschiedliche Ansprüche an die Pflanz- bzw. Wassertiefe, außerdem sind nicht alle winterhart (→ Tabelle, Seite 46).
Pflanztip: Die meisten Seerosen haben ein längliches rundliches Rhizom, das an der Vegetationsspitze (Austriebsstelle von Blättern und Blüten) ständig weiterwächst, während die älteren Teile langsam absterben. Diese Rhizome muß man beim Einpflanzen horizontal oder leicht schräg auf die Pflanzerde legen.
Ausnahme: Das knollenförmige Rhizom einiger kleinwüchsiger Sorten wird senkrecht eingepflanzt, zum Beispiel die Zwergseerose (*Nymphea tetragona*).
Hinweis: In Pflanzcontainern gezogene Seerosen behandelt man wie Topfpflanzen.
Rhizome einpflanzen: Ich empfehle, Seerosen in Gitterkörbe zu pflanzen. Vor dem Einpflanzen die Wurzeln am Rhizom auf eine Handbreit kürzen. Alle fauligen Stellen am Rhizom sauber ausschneiden und als Vorbeugung gegen Fäulnis die Schnittstellen mit Aktiv- oder Holzkohle bestreichen.

Pflegetips: Nur wenn unbedingt nötig, welke Blätter und Blüten mit einem Messer entfernen.
Überwintern: Winterharte Seerosen in die Tiefwasserzone schieben. Nicht winterharte Sorten aus dem Teich nehmen, in einen kühlen Raum stellen und mit Laub abdekken. Die Rhizome ab und zu kontrollieren, Faulendes herausschneiden.

Den Gitterkorb mit einem Pflanzvlies auskleiden.

Zwei Drittel hoch Erde einfüllen. Rhizom waagerecht auflegen, Erde auffüllen, bis die Vegetationsspitze knapp bedeckt ist. Durchdringend wässern. Vlies nach innen schlagen.

Pflanzen-Arten: Unendlich groß ist die Auswahl an Pflanzen, die das Teich- und auch das Bachufer mit sattem Grün oder farbenprächtigem Blühen verschönern können. Die meisten dieser »Randpflanzen« fühlen sich in feuchtem Boden wohl, mögen aber nicht »mit den Füßen im Wasser stehen«.
Einige haben besondere Ansprüche an den Boden, sie benötigen zum Beispiel kalkarmen Boden (→ Pflanzerde, Seite 38). Am Teichrand kann man diese Ansprüche aber leicht erfüllen, indem man diese Pflanzen in Pflanzkörbe setzt oder sie in einen eigenen Bereich zusammenpflanzt.

Die Pflanzentabelle auf Seite 42/43 informiert sie über die Ansprüche an Licht, Boden und Pflege von beliebten Pflanzen-Arten, die im feuchten Uferbereich des Gartenteichs oder Bachs gedeihen.

Blutweiderich.

Kleiner Rohrkolben.

Zypergras.

Breitblättriges Wollgras.

Sumpf-Vergißmeinnicht .

Ein Farbtupfer im Gartenteich: Sibirische Schwertlilie.

Naturschutz: Viele Pflanzen, die am Teichrand gedeihen, finden Sie auch an ihren natürlichen Standorten, den Teichen und Seen in der Natur. Entnehmen Sie aber bitte weder Pflanzen noch Pflanzenteile oder Samen aus der Natur. Viele der Pflanzen stehen unter Naturschutz, weil sie vom Aussterben bedroht sind. Alles, was Ihr Gartenteich-Herz begehrt, bekommen Sie im Gartenfachhandel oder in speziellen Wasserpflanzen-Gärtnereien!

Scheinzypergras.

Grünes und Blühendes für den Teichrand

Japanische Sumpf-Schwertlilie.

Pfennigkraut.

Richtig bepflanzen

Name	Licht	Boden, Wassertiefe	Blütezeit Blütenfarbe	Wuchs-höhe	Besonderheiten
Ajuga reptans Kriechender Günsel	◐–●	lehmig-humoser Boden	V – VI blau, rosa, weiß		Bodendecker, verträgt keine Kalkdüngung, Sorten mit schöner Laubfärbung. Auch am Bachufer.
Calunna vulgaris Heidekraut	○	feucht, leicht saurer Boden	VIII – X rot	20 bis 50 cm	Ideal für Moorbeet.
Cardamine pratensis Wiesenschaumkraut	○–●	leicht saurer Boden	IV – V zartlila	bis 30 cm	Leicht zu vermehren, in kleinen Gruppen pflanzen. Auch am Bachufer.
Carex paniculata Rispensegge	○–●	feuchtes Ufer, kalkhaltiger Boden	V – VI hellbraun	bis 100 cm	Keine Staunässe, horstbildend.
Carex pendula Riesensegge	○–◐	feuchtes Ufer, leicht saurer Boden	V – VI gelbbraun	40 bis 90 cm	Keine Staunässe, wintergrün.
Carex pseudocyperus Scheinzypergras	○–◐	feuchtes Ufer, leicht saurer Boden	VI – VII gelbgrün	bis 100 cm	Keine Staunässe, Solitärpflanze.
Cirsium palustre Sumpf-Kratzdistel	○–◐	leicht saurer Boden	VII – IX purpurfarben	bis 150 cm	Zweijährig, anspruchslos, Insektenweide. Auch am Bachufer.
Comarum palustre Sumpfblutauge	○–●	pH-Wert 6,5 oder niedriger	VI – VII	20 cm	Bodendecker. Ausläufer bis zu 100 cm lang. Auch am Bachufer.
Dianthus superbus Prachtnelke	◐	feucht, Teichrand leicht saurer Boden	VI – IX rosa	30 bis 60 cm	Duftend. Auch am Bachufer.
Eriophorum angustifolium Schmalblättriges Wollgras	○–◐	Saurer Boden, 0 bis 15 cm	IV – V weiß	bis 50 cm	Dekorative, wollige, weiße Fruchtschöpfe.
Eriophorum latifolium Breitblättriges Wollgras	○–◐	kalkhaltiger Boden 0 bis 15 cm	IV – V weiß	bis 60 cm	Dekorative, wollige, weiße Fruchtschöpfe. Auch am Bachufer. Geschützt!
Eupatorium cannabinum Wasserdost	○	kalkhaltiger Boden	VII – IX schmutzig rosarot	bis 150 cm	Kann wuchern, Insektenweide. Auch am Bachufer.
Filipendula ulmaria Echtes Mädesüß	○–◐	humoser und saurer Boden	VI – VII gelblichweiß	bis 150 cm	Blüten aromatisch duftend, rosablühende Sorten im Handel.
Gentiana asclepiadea Schwalbenwurzenzian	◐	nass, humos leicht saurer Boden	VIII – X	50 bis 80 cm	Sehr dekorativ.
Geranium palustre Sumpfstorchschnabel	◐	feucht, 0 bis 2 cm neutraler Boden	V – VIII	30 bis 50 cm	Gut für Moorbeet.
Geum rivale Bach-Nelkenwurz	○–◐	humoser und saurer Boden	V – VII rotbraun	70 cm	Anspruchslos, durch Teilung leicht zu vermehren, Hummelweide. Auch am Bachufer.
Hypericum calycinium L. *Johanniskraut, Hartheu*	○–◐	Lehm, Sand	VII – VIII goldgelb	30 cm	Bodendecker, immergrün, anspruchslos. Auch am Bachufer.
Hypericum moserianum Johanniskraut	◐	Lehm, Sand	VII – X goldgelb	30 cm	Bodendecker, anspruchslos. Auch am Bachufer.
Impatiens noli-tangere Springkraut	◐	neutral, leicht saurer Boden	VII – IX rosa bis rot	bis 130 cm	Leicht aus Samen nachzuziehen; reife Samen werden explosionsartig herausgeschleudert.
Iris kaempferi Jap. Sumpf-Schwertlilie	○	leicht saurer Boden	VI – VII viele Farben	bis 70 cm	Sorten in vielen Farben, gruppenweise pflanzen. Enthält hautreizende Stoffe!
Iris sibirica Sibirische Schwertlilie	○–◐	leicht saurer Boden	V – VI blauviolett	bis 100 cm	Bildet dichte Rasen, verträgt keinen Dünger. Enthält hautreizende Stoffe! Geschützt!
Juncus Binsen	○–◐	Leicht saurer Boden, 0 bis 15 cm	VI – VIII	25 bis 80 cm	Wasserklärend, nährstoffzehrend. Auch im Bach. Geschützt!
Lasiagrostis calamagrostis Silberährengras	○	Teichrand, humoser Boden	VI – X	bis 70 cm	Blüht sehr üppig, die silbernen Ährenbüsche färben sich im Herbst bräunlich.

Praxis: Pflanzen für den feuchten Uferbereich

Name	Licht	Boden, Wassertiefe	Blütezeit Blütenfarbe	Wuchs-höhe	Besonderheiten
Liatris spicata Prachtscharte	○	neutraler Boden	VII – X purpur, rosa, weiß	bis 90 cm	Anspruchslos, oberirdische Teile sterben im Winter ab.
Lysimachia nummularia Pfennigkraut	○ – ◑	fast trockener Boden bis 15 cm Wassertiefe	VI – VII gelb	bis 10 cm	Bodendecker, ideal für Böschungen. Auch im Bach und am Bachufer.
Lysimachia vulgaris Gewöhnlicher Gilbweiderich	○ – ◑	neutraler Boden, Teichrand	VI – VIII goldgelb	bis 150 cm	Kann wuchern, robust, aber besonders empfindlich gegen Staunässe. Auch am Bachufer.
Lythrum salicaria Blutweiderich	○	neutraler Boden bis 40 cm	VI – IX purpurrot	bis 200 cm	Unempfindlich, kann auch im Wasser stehen, nicht mit wuchernden Pflanzen zusammensetzen.
Mentha longifolia Roßminze	○ – ◑	neutraler Boden	VII – IX zartrosa	30 bis 100 cm	Nicht für Tees geeignet. Keine Staunässe. Auch am Bachufer.
Mentha piperita Echte Pfefferminze	◑	neutraler Boden	VII – IX weißlich	50 bis 80 cm	Verträgt keine Staunässe, sonst unempfindlich. Für Tee geeignet.
Mentha rotundifolia Rundblättrige Minze	◑ – ●	Feuchter Boden	VII – IX	30 bis 60 cm	Nicht empfindlich, keine Staunässe. Auch am Bachufer.
Molinia caerulea Blaues Pfeifengras	○ – ◑	Teichrand, humoser, feuchter Boden	VII – IX	bis 50 cm	Schöne Herbstfärbung, Horste sterben oberirdisch ab, Neuaustrieb Ende April.
Myosotis palustris Sumpf-Vergißmeinnicht	○ – ◑	leicht saurer Boden	V – IX hellblau	bis 30 cm	Dauerblüher, kann wuchern, paßt gut zu Sumpf-Dotterblumen. Auch am Bachufer.
Osmunda regalis Königsfarn	◑ – ●	Humoser, saurer Boden	keine Blüte	bis 120 cm	Pflanzerde stark mit Torf anreichern, bräunliche Herbstfärbung sehr attraktiv. Geschützt!
Pennisetum compressum Lampenputzergras	○	Teichrand, humoser, feuchter Boden	VIII – X	bis 70 cm	Schöne, flaumige, bräunliche Blütenähren, Rückschnitt (handhoch) im Frühjahr.
Petasites hybridus Rote Pestwurz	○ – ●	neutraler Boden	III – V rötlichweiß	bis 40 cm	Nach der Blütezeit bis 100 cm hoch, wuchert, regelmäßig ausdünnen.
Phragmites australis Schilf	○ – ◑	0 bis 15 cm Wassertiefe		bis 2 m	Wichtig wegen deutlich wasserreinigender Wirkung, stark nährstoffzehrend.
Potentilla palustris Sumpf-Blutwurz	○	feucht, leicht saurer Boden	VI – VII rot	20 bis 40 cm	Ideal für Moorbeet.
Primula vialii Orchideenprimel	◑ – ●	feuchter Humusboden	VI – VIII scharlachrot	bis 50 cm	Dauerblüher, in größeren Gruppen pflanzen.
Sasa palmata Zwergbambus	○ – ◑	Teichrand, humoser Boden	X – XI	80 bis 150 cm	Dicht wachsend, so auch deckend. Auch am Bachufer.
Schoenoplectus tabernaemontani Seebinse, Zebrasimse	○ – ◑	0 bis 30 cm Wassertiefe		bis 70 cm	Anspruchslos, wasserklärend. Auch im Bach.
Sinarundinaria nitida Gartenbambus	○ – ◑	Teichrand, feuchter, humoser Boden		bis 250 cm	Winterhart, trotzdem Winterschutz mit Laub um Pflanze herum, verträgt Schnitt.
Stachys palustris Sumpfziest	○ – ◑	Teichrand, feuchter Humus	VI – IX	30 bis 100 cm	Nicht anspruchsvoll. Auch am Bachufer.
Symphytum officinale Gemeiner Beinwell	○ – ◑	neutraler Boden	V – VII, rotviolett, gelblichweiß	bis 120 cm	Leicht aus Samen zu ziehen, problemlos, zweite Blüte durch radikalen Rückschnitt.
Thelypteris palustris Sumpffarn	○ – ●	saurer Boden	keine Blüte	bis 80 cm	Mit leuchtend hellgrünen Wedeln, leicht zu vermehren durch Teilung.
Trollius europaeus ☠ Trollblume	○ – ●	leicht saurer Boden	V – VI gelb	bis 60 cm	Zart duftend. Bienen- und Hummelweide. Geschützt!
Typha angustifolia Rohrkolben	○	0 bis 50 cm Wassertiefe	VII – VIII	50 bis 180 cm	Wasserklärend, Algenkonkurrent, *Typha minima* für kleine Teiche. Auch am Bachufer. Geschützt!

Pflanzen für den Teich

Für die Wasserqualität und für die Teichbewohner ist es wichtig, daß Pflanzen aus jeder der nachfolgenden Gruppen im Teich vertreten sind.
Sumpfpflanzen: Sie stehen nur mit den Wurzeln oder dem unteren Teil im Wasser. Man pflanzt sie im Flachwasser, in der Sumpfzone und im durchnäßten Boden am Teichrand.
Schwimmblattpflanzen: Sie wurzeln im Boden, ihre Blätter und Blüten sitzen an langen Stengeln und schwimmen auf der Wasseroberfläche. Sie haben ihren Platz in einer Wassertiefe ab 30 bis 40 cm.
Schwimmpflanzen: Sie haben mehr oder weniger ausgeprägte Wurzeln und schwimmen frei auf dem Wasser. Die Pflanzen ab und zu auslichten.
Unterwasserpflanzen: Sie leben untergetaucht, und nur bei wenigen Arten ragen die Blätter über den Wasserspiegel. Im Gartenteich haben sie wichtige Funktionen: Sie produzieren viel Sauerstoff und verwerten die Stoffwechselprodukte der Fische. Damit sind sie Nahrungskonkurrenten der Algen und helfen, diese im Zaum zu halten. Im Sommer die Pflanzen – vor allem in kleinen Teichen – ab und zu auslichten.

Eine Zierde für jeden Gartenteich: die rosa Seerose 'Pink Sensation'.

Gelb leuchtet die Seekanne.

»Blüh-Trick«: Seerosen blühen üppiger und zeitiger, wenn man die Seerosenkörbe im Frühjahr nicht gleich in die für die Sorte empfohlene Wassertiefe stellt, sondern mit jedem Korb so verfährt:

- Den Korb im Flachwasser plazieren.
- Wenn sich die Schwimmblätter über den Wasserspiegel herausheben, den Korb ins tiefere Wasser schieben, bis die Blätter knapp untertauchen.
- Den Vorgang wiederholen, bis der Korb an der vorgesehenen Stelle steht.

Andere Möglichkeit: Am endgültigen Platz des Korbes so viele Gitterziegel aufschichten, bis der Korb die »Flachwasser-Position« erreicht hat. Zum Absenken des Korbes die Ziegel Stück um Stück wegnehmen.

Düngetip: Beim Ein- oder Umpflanzen in jeden Seerosenkorb 1 Eßlöffel Hornspäne dazugeben.

Pfeilkraut.

Tannenwedel.

Gemeiner Wasserschlauch.

Name	Licht	Lebensbereich Wassertiefe	Blütezeit Blütenfarbe	Wuchs	Besonderheiten
Acorus calamus Kalmus	○	0 bis 25 cm	V – VII, gelb-grün, unscheinbar	bis 120 cm	Anspruchslos, wuchert, Vermehrung nur durch Teilung. Enthält haut- und schleimhautreizende Stoffe! .
Alisma plantago-aquatica Froschlöffel	○ – ◐	0 bis 25 cm	VI – VIII weiß	bis 80 cm	Nährstoffzehrend, wuchert, nach 2 Jahren Wurzelstock teilen. Auch im Bach.
Aponogeton distachyos Afrikanische Wasserähre	○	ab 30 cm	III – X weiß	Schwimm-blattpflanze	Blüten duften nach Vanille, junge Pflanzen im Flachwasser heranziehen, Pflege wie Seerosen.
Azolla caroliniana Feenmoos	○ – ◐	ab 30 cm	keine Blüte	Schwimm-pflanze	Algenhemmend, abfischen, nicht winterhart, eine Handvoll in flacher Schale hell und kühl überwintern.
Butomus umbellatus Schwanenblume, Blumenbinse	○	0 bis 25 cm	VI – VIII rosaweiß	bis 120 cm	Muß im Wasser stehen, im Verbund mit Schwertlilien pflanzen. Auch am Bach.
Calla palustris ☠ Sumpfkalla, Drachenwurz	○ – ●	0 bis 25 cm	V – VII	bis 40 cm	Braucht leicht sauren Boden. Die Früchte (= rote Beeren) sind giftig! Hochblatt=weiß/Blüte=gelblich. Geschützt!
Callitriche palustris Sumpf-Wasserstern	○ – ●	30 bis 60 cm	IV – X unscheinbar	Schwimm-blattpflanze	Bleibt im Winter grün, dadurch Sauerstofflieferant auch unter Eisdecke. Auch am Bach.
Caltha palustris Sumpf-Dotterblume	○ – ●	0 bis 25 cm	IV – VI goldgelb	bis 20 cm	Anspruchslos. Bildet Kissen, Wurzeln müssen ins Wasser ragen können. Auch am Bach.
Ceratophyllum demersum Wasser-Hornkraut	○	ab 30 cm	keine Blüte	Unterwasser-pflanze	Stark gefiederte Pflanze ohne Wurzeln, verträgt Torf schlecht.
Eichhornia crassipes Wasserhyazinthe	○	ab 30 cm	VIII – IX hellviolett	Schwimm-pflanze	Blüht nur bei Wassertemperaturen über 20 °C, Überwinterung nur im Aquarium möglich.
Elodea, Egeria canadensis Kanadische Wasserpest	○	ab 30 cm	V – VIII weiß	Unterwasser-pflanze	Blüten selten; Vermehrung ausschließlich durch Stengelteile. Auch im Bach.
Epilobium hirsutum Rauhhaariges Weidenröschen	○	0 bis 5 cm	VI – IX	90 bis 120 cm	Für naturnahe Ufer; kräftig schneiden. Auch im Bach und am Bachufer.
Gratiola officinalis Gottesgnadenkraut	○	0 bis 5 cm	VI – VIII	20 bis 40 cm	Polsterbildend.
Hippuris vulgaris Tannenwedel	○	0 bis 25 cm	V – VIII, grünlich, klein	bis 200 cm	Verträgt keinen Torf, sonst anspruchslos. Auch im Bach.
Hottonia palustris Wasserfeder	○	0 bis 40 cm	V – VII, weiß bis violettrosa	30 bis 50 cm	Blütenschaft ragt übers Wasser, nicht leicht zu halten, weiches Wasser. Auch im Bach. Geschützt!
Hydrocharis morsus ranae Froschbiß	○	ab 30 cm	VI – VIII weiß	Schwimm-pflanze	Verträgt keinen Kalk, leicht zu vermehren durch Abtrennen der Tochterrosetten. Geschützt!
Iris pseudacorus Sumpf-Schwertlilie	○ – ●	0 bis 25 cm	V – VIII gelb	bis 80 cm	Im Wasser in Pflanzkörbe setzen, große Anziehung auf Libellen. Blätter und Stengel enthalten Giftstoffe!
Lemna minor Kleine Wasserlinse	○	ab 30 cm	keine Blüte	Schwimm-pflanze	Algenhemmend, im Sommer unbedingt regelmäßig abfischen, im Herbst 9/10 entfernen.
Ligularia tangutica Sumpfgreiskraut	○ – ●	0 bis 8 cm	VII – IX	80 bis 120 cm	Dekorativ, starkwüchsig. Braucht sauren Boden.
Mentha aquatica Wasser-Minze	○ – ◐	0 bis 25 cm	VII – X hellviolett	bis 80 cm	Aromatisch riechend, leicht zu halten, wuchernd. Auch im Bach.
Menyanthes trifoliata Fieberklee	○ – ◐	bis 25 cm	V – VI rot	bis 30 cm	Braucht leicht sauren Boden. Geschützt!
Myriophyllum spicatum Ähriges Tausendblatt	○	ab 30 cm	VII – IX blaßrosa	Unterwasser-pflanze	Blütenähre ragt etwa 15 cm übers Wasser hinaus, Vermehrung durch Stengelstücke oder Winterknospen.
Nuphar lutea Teichrose, Mummel	○ – ●	30 bis 200 cm	VI – VIII dottergelb	Schwimm-blattpflanze	Braucht Sandboden. Für kleine Teiche besser Zwerg-Teichrose (*Nuphar pumila*). Geschützt!

Praxis: Sumpf- und Wasserpflanzen

Name	Licht	Lebensbereich Wassertiefe	Blütezeit Blütenfarbe	Wuchs	Besonderheiten
Nymphaea alba ☠ Weiße Seerose	○ – ◑	ab 30 cm	V – VIII weiß	Schwimm- blattpflanze	Heimische weiße Seerose, streng geschützt, nur kultivierte Pflanzen kaufen, viele Zuchtformen.
Nymphaea spec. Zwergseerosen	○ – ◑	15 bis 30 cm	V – X viele Farben	Schwimm- blattpflanze	Überwinterung in der Tiefwasserzone oder in kühlem Raum.
Nymphaea spec. mittelstark wachs. Seerosen	○ – ◑	40 bis 70 cm viele Farben	V – X blattpflanze	Schwimm- Wasserfläche.	Ausgewachsen bedeckt eine Pflanze etwa 1 qm
Nymphaea spec. Stark wachs. Seerosen	○ – ◑	70 bis 100 cm	V – X viele Farben	Schwimm- blattpflanze	Für Teiche ab etwa 6 qm, 1 Pflanze braucht etwa 2 qm Wasseroberfläche.
Nymphaea spec. Sehr stark wachsende Seerosen	○ – ◑	über 100 cm	V – X viele Farben	Schwimm- blattpflanze	Nur für sehr große Teiche, pro Pflanze = 3 bis 4 qm Ausbreitungsfläche.
Nymphoides peltata Seekanne	○ – ◑	40 bis 50 cm	VI – VIII leuchtend gelb	Schwimm- blattpflanze	Wuchert, im Herbst 9/10 entfernen, ideal für Aufwuchs von Fischbrut. Geschützt!
Pistia stratiotes Muschelblume, Wassersalat	○	ab 30 cm	keine Blüte	Schwimm- pflanze	Algenhemmend, verträgt nur Wassertemperaturen über 15 °C, Überwinterung nur im Aquarium möglich.
Polygonum amphibium Wasser-Knöterich	○ – ◑	0 bis 50 cm	VI – IX rosa	bis 30 cm	Anspruchslos, wuchert, nährstoffzehrend. Die Blätter enthalten hautreizende Stoffe! Auch im Bach.
Potamogeton Laichkraut	○ – ◑	ab 30 cm	VI – VIII unscheinbar	Schwimm- blattpflanze	In Teich und Bach, Sauerstofflieferant, wasserklärend, algenhemmend, Versteck für Jungfische. Geschützt!
Primula denticulata Kugelprimel	◑	0 bis 5 cm	IV – V	20 bis 40 cm	Im Herbst Wasserstand absenken. Braucht leicht sauren Boden.
Ranunculus aquatilis Wasser-Hahnenfuß	○ – ◑	30 bis 60 cm	V – VIII weiß	Schwimm- blattpflanze	Algenhemmend, regelmäßig auslichten, im Herbst Blattwerk entfernen. Auch im Bach.
Ranunculus lingua ☠ Zungen-Hahnenfuß	○	0 bis 25 cm	VI – VIII goldgelb	bis 70 cm	Wächst im Winter unter Wasser, anspruchslos, Sauerstofflieferant. Auch im Bach. Geschützt!
Rumex aquaticus Wasserampfer	○ – ◑	0 bis 15 cm	VI – VII	50 bis 60 cm	Stickstoffzehrend, algenhemmend. Auch im Bach.
Sagittaria sagittifolia Pfeilkraut	○	0 bis 25 cm	VI – VIII weiß	bis 40 cm	Anspruchslos, Algenkonkurrent, Sauerstofflieferant. Knollen enthalten hautreizende Stoffe! Auch im Bach.
Salvinia natans Schwimmfarn	○ – ◑	ab 30 cm	keine Blüte	Schwimm- pflanze	Algenhemmend, gelegentlich abfischen, wärmeliebend, vermehrt sich durch Sporen.
Sparganium erectum Igelkolben	○ – ◑	0 bis 25 cm	VI – VIII grünlich	bis 120 cm	Gedeiht auch im tieferen Wasser, anspruchslos, regelmäßig Wurzelwerk einkürzen. Auch im Bach.
Stratiotes aloides Krebsschere	○	ab 30 cm	V – VIII weiß	Schwimm- pflanze	Wasserreinigend, gegen Algenvermehrung, leicht zu vermehren durch Tochterrosetten. Geschützt!
Saururus cernuus Eidechsenschwanz	○ – ◑	0 bis 30 cm neutral	VII – VIII	80 bis 100 cm	Frostempfindlich, braucht neutralen Boden.
Trapa natans Wassernuß	○ – ◑	30 bis 70 cm	VI – IX weiß	Schwimm- blattpflanze	Nährstoffzehrend, Mutterpflanze stirbt im Herbst, Früchte überwintern im Teich. Geschützt!
Utricularia vulgaris Gemeiner Wasserschlauch	○	ab 30 cm	VI – VIII goldgelb	Unterwasser- pflanze	Gestielte Blüte ragt über Wasserspiegel, fleischfressende Pflanze (Plankton), hilft bei Wasserblüte durch Volvox.
Veronica beccabunga Bachbungen-Ehrenpreis	○ – ◑	0 bis 25 cm	V – X blau	bis 30 cm	Bildet Polster, wächst kriechend, wuchert, bevorzugt kalkhaltiges Wasser, verträgt keinen Torf. Auch im Bach.
Veronica longifolia Kerzen-Ehrenpreis	●	0 bis 5 cm	VI – VIII	80 bis 100 cm	Dekorativ, für Moorbeet. Brauch leicht sauren Boden.
Zizania aquatica Indianerreis	○ – ◑	10 bis 30 cm	VII – IX	80 bis 100 cm	Eßbar, Beilage zu Delikatessen. Auch im Bach.

So bleibt der Teich in Schuß

Pflegen und überwintern

Das Schöne an einem Gartenteich ist, daß er übers Jahr gesehen wenig Arbeit macht. Nur die Pflegemaßnahmen, die nötig sind, um das Teichleben rund ums Jahr intakt zu halten, sollte man sorgfältig ausführen. Dazu gehören im Herbst vor allem die Arbeiten, die dafür sorgen, daß Ihr Teich gut über den Winter kommt.

Kleines Foto: Wasserfrosch, ein gerngesehener Teichgast.
Großes Foto: Großer Teich mit Gartenhäuschen, zu dem ein Steg führt.

Pflege rund ums Jahr

Arbeitsintensiv ist beim Teich nur das Anlegen und Bepflanzen. In den folgenden Jahren haben Sie in der Regel viel Freude und wenig Arbeit damit.
Sommer: Sie haben nur wenige Pflichten:
- Bei Bedarf Wasser wechseln oder nachfüllen.
- Wasserwerte kontrollieren (→ unten), damit Sie bei einer Verschlechterung der Wasserqualität rasch korrigierend eingreifen können.
- Stark wuchernde Pflanzen auslichten.
- Fische füttern und ihr Verhalten beobachten. Verhaltensänderungen können auf Krankheiten hinweisen (→ Seite 52).

Herbst: Jetzt ist es Zeit, den Teich auf den Winter vorzubereiten (→ Seite 54/55).
Winter: Ruhezeit für den Teich, alle Lebensvorgänge laufen nur noch ihm Zeitlupentempo ab. Jede Störung würde nun den Teichbewohnern sehr schaden.
Wichtig: Niemals ein Loch in die Eisdecke schlagen. Die Tiere im Teich, vor allem die Fische, würden durch diese schockartige Störung großen Schaden nehmen.
Frühjahr: Die ersten warmen Sonnenstrahlen des Frühlings lassen das Leben im Teich langsam erwachen. Ab Ende Februar, Anfang März können Sie beginnen, den Teich startklar für den Sommer zu machen:
- Den Teichrand ringsherum kontrollieren. Schäden an der Uferbefestigung ausbessern. Sickergrube reinigen.
- Prüfen, ob alle Geräte (Filter, Pumpe) einwandfrei funktionieren, sie in Gang setzen.
- Wasser testen und wenn nötig regulieren (→ unten).
- Im März nachpflanzen und die Seerosen im Abstand von einer Woche langsam hochstellen, bis sie an ihrem angestammten Platz stehen (→ »Blühtrick«, Seite 44/45).
- Fische füttern, sobald das Wasser eine Temperatur von 12 °C hat.

Wichtig: Im Aquarium überwinterte Fische erst einsetzen (ins flache Wasser!), wenn der Temperaturunterschied zwischen Aquarien- und Teichwasser nur wenige Grade beträgt.

Wasserqualität kontrollieren und verbessern

In dem dicht miteinander verflochtenen Netz der vielen biologischen Prozesse, die im Teich ablaufen und das biologische Gleichgewicht bestimmen, spielen drei Wasserwerte eine tragende Rolle: der Säuregrad, der Nitrit-Nitrat-Gehalt und die Wasserhärte. Kommt einer dieser Werte »aus dem Takt«, kann dies für die Wasserqualität und damit für die Teichbewohner schlimme Folgen haben.
Messen Sie hin und wieder diese Werte, damit Sie frühzeitig stabilisierende Maßnahmen ergreifen können (sehr wichtig, wenn Fische im Teich leben).
Für alle notwendigen Messungen bekommen Sie sehr einfach zu handhabende Meßreagenzien, Teststreifen und andere Hilfsmittel im Zoo- und Gartenfachhandel.

Der Säuregrad des Wassers

Er wird durch den pH-Wert ausgedrückt, der Auskunft darüber gibt, ob das Wasser neutral ist (pH 7), sauer (pH 0 bis 6,9) oder alkalisch (pH 7,1 bis 14).
Bei Wasser wie Erde gilt:
sauer = kalkarm,
alkalisch = kalkhaltig.
Für Fische verträglich sind Werte von pH 6,5 bis 8,5 (leicht sauer bis leicht alkalisch). Werte unter pH 6 können die Fische gefährden, Werte um pH 5 sind meist tödlich.
Den pH-Wert messen sollten Sie neben den Routinemessungen (etwa alle 6 bis 8 Wochen) im Sommer nach starken Regenfällen (»Saurer Regen«) und im Herbst, wenn viel Laub ins Wasser gelangt ist.
Regen wie Laub können den pH-Wert sehr schnell in gefährlich niedrige Bereiche bringen.
Zu niedrige pH-Werte regulieren Sie, indem Sie langsam ein Drittel des Wassers wechseln (wenn nötig, wiederholen).

Zu hohe pH-Werte senkt man, indem man einen Sack Gartenteichtorf in den Teich hängt, bis der gewünschte Wert erreicht ist. Vorsicht: Regelmäßig kontrollieren, der pH-Wert darf nicht zu weit absinken.
Wichtig: Kurzfristige Schwankungen des pH-Werts sind normal und schaden den Fischen nicht.

Vorbeugend sollten Sie alle drei Wochen ein Drittel des Wassers wechseln und die Fische nicht zuviel füttern (→ Fische richtig füttern, Seite 53).
Im Notfall, vor allem wenn Ihre Fische schon nach Luft ringen, Sauerstoff zuführen, ein Drittel des Wassers wechseln und beim Auffüllen ein Wasseraufbereitungsmittel hinzugeben.

Nitrit-Nitrat-Gehalt

Organische Abfälle von Pflanzen (abgestorbene Pflanzenteile) und von Tieren (Ausscheidungen) werden von Bakterien zersetzt. Dabei entsteht das für die Fische giftige Nitrit, das in harmloses Nitrat umgewandelt wird. Bei diesem ständigen Umwandlungsprozeß wird dem Wasser Sauerstoff entzogen. Solange ausreichend Sauerstoff vorhanden ist und nicht zu viele Abfallstoffe im Wasser sind (Nährstoffüberfrachtung), läuft der Prozeß reibungslos. Der Nitrit-Nitrat-Gehalt bleibt dann niedrig und beeinflußt das Wohlbefinden der Fische nicht.
Zu hoher Nitrit-Nitrat-Gehalt schadet den Fischen und dem ganzen Teich. Die Folgen sind verstärkter Algenwuchs und Vergiftungserscheinungen bei den Fischen. Sauerstoffmangel treibt die Fische an die Wasseroberfläche, wo sie dann versuchen, Luft zu schnappen (Notatmung).

Wasserhärte

Die Gesamthärte des Wasser wird in °dH (Grad deutscher Härte gemessen). Man unterscheidet in der Praxis die Härtegrade wie folgt:

- 4 bis 8 °dH = weich
- 9 bis 17 °dH = mittelhart
- 18 bis 30 °dH = hart.

Den Härtegrad Ihres Leitungswassers erfahren Sie beim Wasserwerk oder Sie ermitteln ihn mit den entsprechenden Meßreagenzien.
Für Fische geeignet ist mittelhartes Wasser.
Die Karbonathärte (abgekürzt KH), die ein Teil der Gesamthärte ist, wird gesondert gemessen. Meßreagenzien mit genauen Gebrauchsanweisungen gibt's im Zoofachhandel. Diese Messung ist wichtig, da es von der Karbonathärte abhängt, wie weit Schwankungen der pH-Werte so aufgefangen werden können, daß sie nicht ins Extreme gehen, was für viele Lebewesen im Teich tödlich wäre.

Wasserstand regulieren

Mit einem Toilettenspülkasten aus Kunststoff kann man dafür sorgen, daß bei Bedarf Wasser automatisch nachgefüllt wird.
Installieren: Der Kasten wird (vom Installateur) so an einen L-Stein montiert, daß sich der Schwimmer im Bereich des gewünschten Wasserspiegels auf und ab bewegen kann (an der Stellschraube die Wasserspiegelhöhe regulieren). Verbindung zur Wasserleitung ist ein festes Messingrohr.
Die Funktionsweise: Wenn der Wasserspiegel fällt, öffnet sich das Schwimmerventil, und Frischwasser strömt in den Teich. Ist die eingestellte Wasserspiegelhöhe erreicht, schließt der Schwimmer den Wasserzulauf.

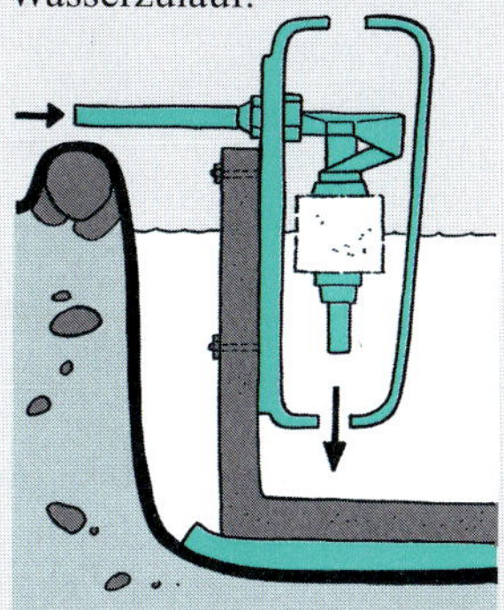

Der Spülkasten muß oben und unten offen sein.

Die farbenprächtigen Kois benötigen unbedingt sauberes und sauerstoffreiches Wasser.

Goldfische – die Klassiker

Für groß und klein sind Goldfische eine immer wieder faszinierende Attraktion im Gartenteich.

Pflege: Goldfische sind genügsame Pfleglinge, die auch in kleinen Teichen (ab 3 m^2 Wasseroberfläche) bestens gedeihen, wenn man ganz strikt ihre Grundbedürfnisse, nämlich sauberes Wasser und genügend Sauerstoff, erfüllt. Um eine gute Filteranlage und meist auch eine Luftpumpe oder einen Oxydator für die zusätzliche Sauerstoffzufuhr kommt man deshalb bei einem Goldfischteich nicht herum.

Diese farbenprächtigen Fische, die weder pflanzliche noch tierische Kost verschmähen, würden sonst im Nu das Teichwasser in

Häufig gehalten: Goldfische.

eine übelriechende Brühe verwandeln und selber dabei jämmerlich zugrunde gehen.
Die Fische: Bewährt hat sich der robuste Gewöhnliche Goldfisch (*Carassius auratus*), den es in wunderschönen Farben gibt (Rotgold, Messing, Bronze, Weißgold und Schwarzgold). Von den zahlreichen Zuchtformen eignen sich zur ständigen Haltung im Teich nur: Japanischer Goldfisch (Wakin), Rotgefleckter Kaliko (Shubunkin) und Kometenschweif. Alle übrigen der zahlreichen Zuchtformen sind nur mit Einschränkungen in einem Gartenteich zu halten. Ausführliche Informationen über die Haltung und Pflege von Goldfischen finden Sie in der Fachliteratur (→ Bücher, die weiterhelfen, Seite 62).
Erstbesatz: Wählen Sie Goldfische der verschiedenen Zuchtformen. Die Tiere vermehren sich leicht.
Mein Tip: Setzen Sie die Pflanzen im Teich in Gitterkörbe (→ Seite 38). Goldfische gründeln und würden den Bodengrund bald so aufgewühlt haben, daß sie im trüben Wasser nicht mehr zu sehen wären.

Kois – die Edlen

Wunderschön, edel und nicht ganz billig, das sind die Kennzeichen dieser Fische, für die sich immer mehr Gartenteichbesitzer begeistern. Wer sich diesen Prunkstücken verschrieben hat und mehr als 2 oder 3 Tiere (gemeinsam mit Goldfischen) halten möchte, sollte sich vor der Anlage eines Koiteichs gut in der Fachliteratur informieren. Hier nur ein paar Stichwörter zur artgerechten Haltung:
Pflege: Sauberes und sauerstoffreiches Wasser gehört zu den Grundbedürfnissen dieser schönen Fische. Im übrigen aber sind sie wesentlich anspruchsvoller als Goldfische. Da die Tiere bis zu 60 cm groß werden können, sollte der Teich nicht kleiner sein als 10 m^2, besser noch 15 m^2. Wenn Kois im Teich überwintern sollen, muß der Tiefwasserbereich mindestens 1 m^2 groß sein und eine Tiefe von 1,50 bis 1,80 m haben.
Die Fische: Kois gibt es im Zoofachhandel oder bei Spezialhändlern. Ihr Preis richtet sich nach der Qualität der Züchtung und ist in jedem Fall höher als bei Goldfischen.

Einheimische Fische

Schönheit und Nützlichkeit vereinen sich in den einheimischen Fischen, die man gut in kleinen Teichen halten kann. Viele von ihnen können den Insektenbestand und sogar Algen in Grenzen halten. Dazu einige Beispiele:

- Zu den Lieblingsspeisen der Goldorfe, einer Zuchtform der Orfe (*Leuciscus idus*), zählen die lästigen Stechmücken.
- Der Gründling (*Gobio gobio*) verzehrt Libellen- und Gelbrandkäferlarven.
- Das Moderlieschen (*Leucaspius delineatus*) frißt Fluginsekten und Algenpartikel.
- Der Graskarpfen (*Ctenopharyngodon idella*) nimmt sich die Fadenalgen vor und der Silberalgenkarpfen (*Hypophthalmichthys molitrix*) die Schwebealgen.

Pflege: In einem gut gepflegten Gartenteich fühlen einheimische Fische sich wohl. Halten Sie Schwarmfische wie Goldorfen in einem kleinen Schwarm von mindestens 10 Tieren.
Mein Tip: Stopfen Sie Ihren Teich nicht mit Fischen voll. Das bekommt weder den Fischen noch Ihrem Teich.

Fütterungstips

Fische gewöhnen sich sehr schnell an eine regelmäßige Fütterung. Sobald jemand am Teich auftaucht, versammeln sie sich und tun so, als seien sie geradewegs am Verhungern. Doch das sollte Sie nicht dazu verführen, ihnen jedesmal etwas zum Futtern zu geben. Ihre Fische verhungern nicht, denn in einem richtig angelegten Teich gibt es für sie eine ganze

Menge natürlicher Nahrung. Zu häufiges und falsches Füttern kann zu einer rapiden Verschlechterung der Wasserqualität führen.
Beachten Sie und bitte auch Ihre Kinder deshalb folgendes:

- Nur das speziell für Gartenteichfische zusammengestellte Futter verfüttern (im Zoofachhandel erhältlich).
- Im Frühjahr und im Herbst empfehle ich Flockenfutter, da es nicht so viele Ballaststoffe hat, die das Wasser trüben.
- Im Sommer sollten Sie Sticks, Linsen, Pellets füttern, deren Mischung speziell für Teichfische zusammengestellt wurde (im Zoo- und Gartenfachhandel erhältlich).
- Kois benötigen Koifutter, sonst leiden Figur und Farben.
- Und ganz wichtig: Immer nur so viel füttern, wie die Fische in 5 Minuten fressen.
- Den Fischarten, die tierische Kost bevorzugen, können Sie ab und zu Lebendfutter anbieten. Es wird frisch, gefriergetrocknet oder tiefgefroren im Zoofachhandel angeboten.
- Schädlich für Fische und Teich sind Brotreste und Küchenabfälle jeder Art.

Wichtig: Im Herbst langsam auf Flocken übergehen und bei 12 °C langsam das Füttern einstellen. Selbst wenn die Fische noch fressen, können sie es nur schwer verdauen. Im Frühjahr ab 15 °C wieder mit Flocken beginnen.

Den Zierteich für den Winter vorbereiten

Wenn die Fische bei 12 °C Wassertemperatur die Nahrungsaufnahme einstellen, beginnt der Winter im Teich. Doch bevor ein Zierteich in seinen Winterschlaf versinkt, gibt es für Sie noch einiges zu tun, damit Ihre Fische und Pflanzen gut über die kalte Jahreszeit kommen.
Ziel des herbstlichen Großreinemachens ist nicht etwa ein blitzblank geputzter Teich, in dem dann noch nicht einmal mehr Spuren der nützlichen Mikroorganismen zu finden sind. »Geputzt« wird, weil während der Winterruhe nichts vor sich hin faulen darf, denn das hätte Sauerstoffmangel, Faulgase, Nährstoffüberfrachtung und damit eine dramatische Verschlechterung der Wasserqualität zur Folge.
Teicharbeiten: Gehen Sie beim Teichputz so vor:

- Stecker aller Elektrogräte abziehen.
- Gut zwei Drittel des Teichwassers ablaufen lassen.
- Pflanzkörbe vorsichtig herausnehmen.
- Fische vorsichtig herausfangen und in eine zuvor mit Teichwasser gefüllte Wanne geben. Diese mit einem Tuch abdecken, damit die Fische nicht herausspringen.
- Amphibien in Teichnähe an eine geschützte Stelle setzen. Sie kehren später meist allein ins Wasser zurück; wenn nicht, vorsichtig wieder in den Teich setzen.
- Den Mulm, der sich aus zersetzten Pflanzenteilen und vielen anderen Abfallstoffen zusammensetzt, weitgehend entfernen.

Wenn vorhanden: Die Früchte der Wassernuß einsammeln und später wieder in den Teich legen, am besten in die Seerosenkörbe.

Pflanzenpflege vor dem Winter

Verrottende Pflanzen entziehen dem Zierteich zuviel Sauerstoff, deshalb muß man sie stark reduzieren. Den Pflanzen schadet dies nichts, sie treiben im Frühjahr alle wieder kräftig aus.

- Schwimm- und Unterwasserpflanzen stark auslichten.
- Stark wuchernde Pflanzen kräftig zurückschneiden.

Ausnahme: Rohrkolben, Binsen, Schilf, Seggen und Gräser. Diese Pflanzen werden erst im Frühjahr zurückgeschnitten, da sie im Winter einerseits nützlich für die Sauerstoffversorgung des Wassers sind, andererseits vielen Kleintieren Schutz bieten.

- Verwelktes und Abgeschnittenes aus dem Teich entfernen.
- Algen von den Teichrändern mit einer Wurzelbürste abschrubben.

- Seerosen bei Bedarf umpflanzen: Blätter, Blüten und Stengel abschneiden — dabei nicht die Blatt- und Blütenansätze wegschneiden! Rhizom um ein Drittel kürzen, alle Faulstellen entfernen, Rhizom wieder einpflanzen, wenn nötig, in einen größeren Korb. Winterharte Arten an die tiefste Stelle im Teich setzen. Nicht winterharte Arten in einen kühlen, frostfreien Raum (Keller) stellen, mit Laub bedecken. Regelmäßig kontrollieren, Faulstellen sofort entfernen.

Frischwasser einlassen: Nachdem alle Teicharbeiten und die Pflanzenpflege erledigt sind, Frischwasser unter Zugabe eines Wasseraufbereitungsmittels (im Zoo- oder Gartenfachhandel erhältlich) langsam einlaufen lassen.

Fische: Wieder einsetzen - vorausgesetzt, die Tiefwasserzone ist mehr als 60 cm tief. Anderenfalls müssen die Fische in einem Aquarium überwintern.

So bleibt ein Loch in der Eisdecke frei

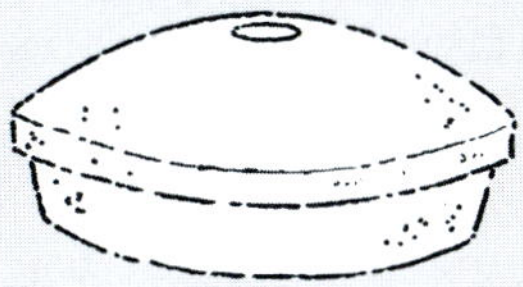

Handelsüblicher Eisfreihalter.

Eisfreihalter in einer außergewöhnlichen Form.

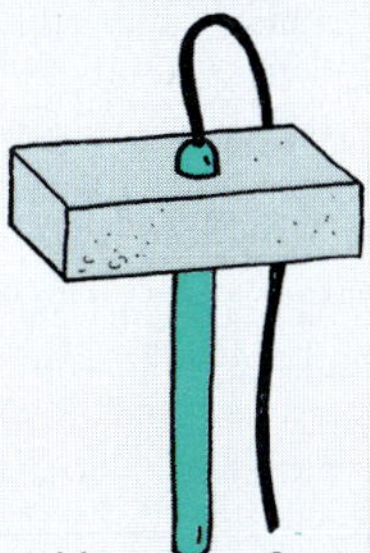

Der Teichheizer muß mit ausreichend langem Kabel versehen sein.

Mit Hilfe eines Eisfreihalters oder eines »Teichheizers« können Sie den ganzen Winter über ein Loch in der Eisdecke freihalten.

Eisfreihalter: Ein zuverlässiges, preiswertes Hilfsmittel, das ganz einfach zu handhaben ist. Das Gerät besteht aus Styropor, wird aufs Wasser gesetzt und an einer tieferen Stelle im Teich verankert. Wirkt bis minus 20 °C. Eine gute Gebrauchsanleitung wird mitgeliefert.

»Teichheizer«: Der Name ist irreführend, hat sich aber eingebürgert. Das Gerät heizt nicht den Teich, sondern hält mit einer relativ geringen Wattzahl lediglich ein Loch in der Eisdecke frei. Ein Stromanschluß ist nötig. Den Heizer bei Frost einschalten, bei Tauwetter Netzstecker ziehen. Wenn er mal eingefroren ist, nicht freihacken, sondern nur Stecker einstekken!

Hinweis: Eine zuverlässige Hilfe ist es, die Sauerstoffpumpe immer laufen zu lassen.

Achtung: Niemals Aquarienheizer im Teich verwenden! Keine Verlängerungskabel benutzen!

Naturteich im Herbst

Nur sehr große Naturteiche mit mehr als 30 m^2 können Sie ohne Vorbereitung in den Winter gehen lassen.
Bei kleinen, naturgemäß angelegten Teichen sind ein paar ordnende Handgriffe nötig, sonst würden sie in wenigen Jahren verlanden. Lassen Sie ein Drittel des Wassers langsam ab und Frischwasser ebenfalls langsam einlaufen. Auch ein wenig Pflanzenpflege, wie beim Zierteich beschrieben, kann nicht schaden, wenn Sie dabei sachte vorgehen.

Sauerstoffzufuhr im Winter

Im Sommer wie im Winter bildet Sauerstoff die Lebensgrundlage für die Tiere und Pflanzen. Auch wenn sich der Teich bei einer Wassertemperatur um 12 °C in den Winterschlaf begibt und alle Lebensvorgänge nur sehr reduziert ablaufen, kann es zu folgenschwerem Sauerstoffmangel kommen, wenn man nicht vorsorgt. Lebenswichtig ist eine zusätzliche Sauerstoffzufuhr vor allem,

- wenn in einem abgedeckten Teich ein hoher Fischbestand überwintert,
- wenn der Teich nicht abgedeckt ist und daher bei Frostgraden gleich zufriert.

Mein Tip: Sorgen Sie in jedem Fall während des ganzen Winters dafür, daß ein Loch in der Eisdecke freibleibt (→ Seite 55).
Oxydator: Das ist ein sehr praktisches Gerät für die zusätzliche Sauerstoffzufuhr, das völlig ohne Kabel- oder Schlauchverbindungen zu betreiben ist (→ Foto Seite 12). Wenn das Gerät leer ist – im Winter etwa nach 3 Monaten – kommt es von selbst an die Wasseroberfläche und muß dann gemäß Gebrauchsanweisung nachgefüllt werden.
Achtung: Beachten Sie unbedingt genau die beigefügte – leicht verständliche – Gebrauchsanweisung!
Sauerstoffpumpe: Das ist eine Membranpumpe, die vor allem bei kleineren Teichen (6 bis 8 m^2) gute Dienste bei der Anreicherung des Wassers mit Sauerstoff leistet.
Sauerstoffpumpe am besten im geschützten Raum (Haus, Keller, Schuppen) aufhängen und den Luftschlauch durch ein PVC-Rohr zum Teich führen.

- Den Luftschlauch an eine mitteltiefe Stelle im Teich führen. Die tiefste Stelle ist ungeeignet; es entstünde im Teich eine zu starke Strömung, was für die Fische eine so große Belastung wäre, daß sie abmagern würden.
- An dem im Teich befindlichen Ende des Luftschlauchs einen Ausströmer aus Keramik anbringen.

Den Teich abdecken

In Gegenden mit sehr kalten frostreichen Wintern lohnt sich eine Teichabdeckung, vor allem bei kleinen Teichen (6 m^2 oder weniger) , in denen Fische und Seerosen überwintern.
Für die Abdeckung benötigen Sie lichtdurchlässiges Material, zum Beispiel Wellpolydet (im Baustoffhandel erhältlich). Das ist ein gewellter Kunststoff, der auf einem gitterförmig angeordneten Lattengerüst aus Dachlatten (24 x 48 mm) über den Teich gebreitet wird. Die Abdeckung soll in einer Schräge von Nord nach Süd verlaufen (an der Nordseite Sockel aus Gitterziegeln errichten).
Wichtig: Den Winter über Sauerstoff über Luftpumpe oder Oxydator zuführen (→ oben). Schnee von der Abdeckung regelmäßig abkehren, Pulverschnee kann liegenbleiben.

Zu den häufigsten Gartenteichgästen gehören die Libellen, deren Larven im Teich heranwachsen.

Lebensräume für Teichgäste

Der Gartenteich mit seinen Sumpfzonen und, wenn vorhanden, auch der Bach bieten vielen Tieren Nahrung und Unterschlupf. Sie können aber noch mehr tun für Ihre Gäste, indem Sie die Umgebung des Teichs für Amphibien wie Frösche, Molche, Kröten sowie für Vögel und Insekten artgerecht gestalten. Dazu eignet sich zum Beispiel ein Reisighaufen, den man aus Zweigen aufschichtet und Laub, abgemähtes Gras und Kompost darauf verteilt. Auch ein kleiner Steinhaufen oder vermoderndes Holz in einem Winkel des Gartens sorgen dafür, daß sich viele faszinierende Teichgäste einfinden.

Faszinierend: der Teichmolch.

Sach- und Pflanzenregister

Die **halbfett** gesetzten Seitenzahlen verweisen auf Farbfotos und Zeichnungen. U = Umschlagseite.

Register

Register

Bücher

Amlacher, E.: *Taschenbuch der Fischkrankheiten.* Gustav Fischer Verlag, Jena
Blab, J.: *Biologie, Ökologie und Schutz von Amphibien.* Kilda-Verlag, Greven
Jansen, A.: *Teichpflanzen einsetzen und pflegen.* Gräfe und Unzer Verlag, München
Jauch, D.: *Goldfische und Kois in Aquarium und Gartenteich.* Gräfe und Unzer Verlag, München
Petrowsky, E.: *Seerosen für den Gartenteich.* Gräfe und Unzer Verlag, München
Schliewen, U.: *Der große GU Ratgeber Wasserwelt Aquarium.* Gräfe und Unzer Verlag, München
Stadelmann, P.: *Der Bach im Garten.* Gräfe und Unzer Verlag, München
Stadelmann, P.: *Der große GU Ratgeber Gartenteich.* Gräfe und Unzer Verlag, München
Wilke, H.: *Naturteich anlegen und bepflanzen.* Gräfe und Unzer Verlag, München

Zeitschriften

DATZ. Organ des Verbandes für Aquarien- und Terrarienkunde (VDA) e.V.
Eugen Ulmer Verlag, Wollgrasweg 41, 70599 Stuttgart
FLORA.
Gruner + Jahr AG, 20444 Hamburg
Kraut und Rüben.
BLV Verlagsgesellschaft mbH, Lothstr. 29, 80797 München
mein schöner Garten.
Senator Burda Verlag GmbH, Postfach 1520
77605 Offenburg

Die Fotografen

Angermayer/Pfletschinger: Seite 1 re.; Becker: Seite U1 (großes Foto), 4/5, 16/17, 21, 24 o., u., 28, 29 o., u.li., u.Mi., 33 o., u., 37 re., 48/49, U4 o.li.; Heissner: Seite 29 u.re.; Kahl: Seite 1 Mi.li., 52 o., u., U3 Mi.o.; Krahmer: Seite 49 re., 57 u.; mein schöner Garten/Jarosch: Seite U1 (kleines Foto), 12 o., Mi., u., 13 o., u., 64 li.o.; mein schöner Garten/Stork: Seite 1 li.; mein schöner Garten/Wähner: Seite 9 u.; mein schöner Garten/Wetterwald: Seite U3 li.; Nickig: Seite 9 o., 17 re., 36/37; Reinhard: Seite 64 li.u.; Sammer: Seite U3 Mi.u., re.o., re.u.; Strauß: Seite U2, 1 Mi.re., 5 re., 40 li.o., li.u., re.Mi., re.u., 41 Mi., u.li., u.re., 44, 45 o., 45 u.li., u.re., 64 re.o., u., U4 o.re.; Wendler: Seite U4 u.; Wothe: Seite 57 o.; Zeller: Seite 40 re.o., 41 o., 45 u.Mi.

Hinweis und Warnung

In diesem Buch sind verschiedene elektrische Geräte und ihre Verwendungsmöglichkeiten bei der Teichpflege beschrieben. Wenn Sie diese einsetzen wollen, denken Sie daran, daß elektrische Installationsarbeiten jeder Art nur vom Fachmann ausgeführt werden dürfen. Zu diesen Arbeiten gehören sowohl das Anbringen von Stromanschlüssen als auch das Verlegen von Stromleitungen. (→ Warnung vor Stromunfällen, Seite 12). Um sich und andere vor Schaden zu bewahren, sollten Sie Ihren Teich ausreichend sichern (mit Schutzzaun oder -gitter, → Seite 11), wenn kleine Kinder in Ihrem Haushalt leben oder wenn der Teich in einem nicht eingezäunten Gartengelände liegt. Der Abschluß einer Haftpflichtversicherung, die sich auf den Teich bezieht, ist sehr zu empfehlen (→ Haftung bei Unfällen, Seite 11). Jeder Gartenteichbesitzer muß dafür sorgen, daß kein Wasser – weder unter- noch oberirdisch – aufs Nachbargrundstück gelangen kann. Kontrollieren Sie deshalb regelmäßig die Wasserleitung und führen Sie Wasserwechsel oder Teichentleerung sachgemäß durch.

Adressen

Folgende Organisationen geben Gelegenheit zur Mithilfe bei Amphibien und Reptilienschutzprogrammen:
World Wildlife Fund Deutschland (WWF), Rebstöckerstr. 55, 60326 Frankfurt/Main
(Die Organisation besteht auch in der Schweiz und in Österreich.)
BUND Bundesgeschäftsstelle
Im Rheingarten 7, 53225 Bonn
(Regionalverbände dem örtlichen Telefonbuch entnehmen)
DBV Naturschutzbund Deutschland e.V.
Bundesgeschäftsstelle, Herbert-Rabius-Str. 26, 53225 Bonn

Danksagung

Autor und Verlag danken der Firma Heissner GmbH, Teichtechnik, 36339 Lauterbach, daß sie das Dia für Seite 29 unten rechts zur Verfügung gestellt hat.
Fotograf Jürgen Becker und der Verlag danken den folgenden Gartenbesitzern:
Garten Van de Zwan/NL-Bergen; Gestaltung: H. Weijers/NL-Haarlem.
Garten Frucht-Schäfer/Bochum; Gestaltung: R. Bödeker/Mettmann.
Garten Grimm/Düsseldorf; Gestaltung: V. + H. Püschel/Mettmann.
Garten Goebel/Holland; Gestaltung: H.Weijers.
Garten Noll/Mettmann; Gestaltung: V. + H. Püschel.
Garten Hartenfeller/Mettmann;Gestaltung: V. + H. Püschel.
Garten Van Steeg/NL-Dinxperlo; Gestaltung: P. Oudolf/NL-Hummelo.

Impressum

Bellavista, ein Imprint der Verlag Karl Müller GmbH, Köln 2003
www.karl-mueller-verlag.de

ISBN 3-89893-656-2

Text: Peter Stadelmann
Zeichnungen: Renate Holzner
Druck und Bindung: EuroGrafica SpA
Printed in Italy

1

Wichtige Helfer für eine ausreichende Sauerstoffzufuhr und damit Abhilfe bei einer Algenplage sind Pumpen und manche Pflanzenarten wie das Laichkraut (Foto 3) und die Seerose (Foto 4).

2

3

4

Algen bekämpfen ohne Gift
Fotos 2 und 9
Ebenso wie Pflanzen gehören Algen zum Teichleben – solange sie nicht überhandnehmen. Wenn Algen in Massen auftreten, prüfen Sie, ob Sie beim Anlegen oder bei der Pflege Fehler gemacht haben.
Wichtig: Algen nie mit chemischen Mitteln bekämpfen. Diese Gifte beseitigen Algenwuchs nur kurzfristig.